見えてくる、メイクアップセラピーという選択肢

リハビリメイク

Rehabilitation Makeup Therapy

監修

日本医科大学名誉教授
百束比古

編著

グリーンウッドスキンクリニック立川
青木 律

REIKO KAZKI
かづきれいこ

克誠堂出版

執筆者一覧
(五十音順, 敬称略)

【監　修】
百束　比古
日本医科大学名誉教授

【編　集】
青木　律
グリーンウッドスキンクリニック立川

かづき れいこ
REIKO KAZKI

【執筆者】
宇津木　久仁子
公益財団法人　がん研究会有明病院　婦人科

大久保　公裕
日本医科大学　耳鼻咽喉科

小川　令
日本医科大学　形成外科

佐伯　秀久
日本医科大学　皮膚科

佐藤　智子
臨床心理士

島田　和幸
鹿児島大学名誉教授　／　東京医科大学　人体構造学分野

田上　順次
東京医科歯科大学　大学院医歯学総合研究科　う蝕制御学分野

寺田　員人
日本歯科大学　新潟病院　矯正歯科

檜垣　祐子
東京女子医科大学附属女性生涯健康センター

船坂　陽子
日本医科大学　皮膚科

町沢　静夫
町沢メンタルヘルスクリニック

柳田　邦昭
日本医科大学　形成外科

編集協力　渡辺　聡子／木村　陽子／檜山　あや（REIKO KAZKI）

序

　前回の出版から13年が経った。当時は医療に化粧なんてという風潮もあったことは否めないが，この期間は医療におけるメイクアップセラピーの意義や可能性を認知させ普及させるに十分な時間であった。そのためにわれわれの出版した書が大いに役立ったと思う。

　改めて述べるが，メイクアップが医療に貢献するということは，われわれ形成外科医にとっては非常に理解しやすい。例えばどんなに形成外科の手術法が進歩して，従来不可能とされた外傷，熱傷，癌切除後の再建や修復もかなりよい状態まで可能となったが，皮膚色のむらや傷跡の凹凸は手術では完全に治すことができないので，その部分をメイクアップがカバーしてくれるであろうと期待する。

　しかるに，従来のメイクアップは正にカモフラージュであって，その部分を隠すことが目的だったが，リハビリメイク® は隠すことから脱却してより明るく活力に満ちたメイクアップを行い，隠すことは副次的になっている。この手法は，単に問題点に覆いをするだけでは得られない，精神的なよい効果をもたらすと思われる。すなわち，メイクアップという前向きの精神的作業が，単に傷跡を目立たなくするのみではなく，精神的な疾患などの治療の一助となり得る。

　医療は進歩し患者さんの要求も多様化かつ高度になりつつある。そして治療結果の限界に対する不満も率直に語られる時代になった。それらの問題解決の選択肢あるいは後療法の一つとしてメイクアップが学問的に確立され，治療（セラピー）として重要になりつつあることが本書から窺えるであろう。

2016年3月

百束 比古

「リハビリメイク — 見えてくる、メイクアップセラピーという選択肢」
刊行にあたって

　リハビリメイクは，外傷や疾病などにより顔に損傷を負った人の社会復帰を支援するためのメイクアップとして考案しました。欧米で行われてきた「カモフラージュメイク」の考え方を，日本の医療の実情と日本人の心性に合うように独自の理論のもと構築・発展させたもので，カモフラージュ（患部が目立たないよう隠す）に主眼を置くのではなく，患者さんが自身の容貌を精神的に受容することを目的に，これまで20年に渡り研究と実践を重ねてきました。リハビリメイクの技術は，医療現場で患者さんと直接接するなかで試行錯誤を重ねながら開発してきたものです。今後もまだ可能性が広がっておりますので，邁進し続けたいと思います。

　近年，医療現場において患者さんのQOLの向上にますます外観のケアが果たす役割が認知されつつあること，また，様々な科にご理解が広がってきたことは，リハビリメイクを提唱してきた身としては大きな喜びであり，また責任の重さに身が引き締まる思いでもあります。

　大学病院などの外来にてメイク指導をするなかで，日々患者さんと密に接している医療スタッフの方々から「自分達も多少でもこの技術や知識を身につけ，患者さんに役立たせることはできないものだろうか」という真摯な声にさらに応える書籍が出版の運びとなったことは，大きな喜びです。

　この書籍は，多くの方々のご尽力がなくては実現しませんでした。これまでご指導・ご支援を頂いた多くの先生方，医療スタッフの皆さん，そして患者さん方に，この場を借りて深くお礼を申し上げます。リハビリメイクを発展させてくださったのは，まさにそうした患者さん一人一人に他なりません。そのうちの19名の方が，本書の「事例」にご協力くださることを快諾してくださいました。その勇気と，同じ悩みを持つ人たちに対する深い思いやりに，心から尊敬と感謝を捧げたいと思います。

2016年3月

かづき れいこ

目　次

序 ……………………………………………………………………… 百束比古　*iii*
「リハビリメイク—見えてくる，メイクアップセラピーという選択肢」刊行にあたって…… かづきれいこ　*v*

第 I 章　現代におけるメイクアップセラピーの意義　　1

現代におけるメイクアップセラピーの意義 ………………………………… 百束比古　2
1. 形成外科から ………………………………………………………… 小川　令　6
2. 皮膚科から …………………………………………………… 船坂陽子・佐伯秀久　8
3. 皮膚の外見と心の悩み—サイコダーマトロジーの観点から ………… 檜垣祐子　11
4. 婦人科で活かせるメイクアップセラピー ………………………… 宇津木久仁子　16
5. 耳鼻咽喉科におけるQOL向上のメイクアップセラピー ……………… 大久保公裕　21
6. 身体醜形恐怖および精神障害とメイクアップセラピー ………………… 町沢静夫　23
7. 美容外科から …………………………………………………………… 青木　律　31
8. 矯正歯科から …………………………………………………………… 寺田員人　33
9. 審美歯科とリハビリメイク ……………………………………………… 田上順次　37

第 II 章　リハビリメイク®の考えかた　　かづきれいこ　39

1. 定義 —— *40*
2. リハビリメイクが求められる背景 —— *43*
3. 方法 —— *45*
4. 代表的事例 —— *49*

第 III 章　リハビリメイク®とカウンセリング　　佐藤智子　53

■ カウンセリングの視点からみたリハビリメイク
　　—— 外観の悩みを乗り越え，自分自身を解放する

✦ コミュニケーションを考える …………………………………………… 佐藤智子　64

第 IV 章　頭部顔面の解剖と医学用語解説　　67

1. メイクアップセラピーに必要とされる頭部顔面の解剖学的な知識 ……… 島田和幸　68
2. 身体部位の名称と用語解説 ……………………………………………… 青木　律　74

第V章　リハビリメイク®の実際　　　　　　　　　　　　かづきれいこ　83

1. リハビリメイクを始める前に ── 84
2. スキンケア ── 86
3. 血流マッサージ ── 88
4. 肌づくり①②③ ── 92
5. 眉メイク ── 98
6. アイメイク ── 99
7. リップ ── 100

◆ 錯覚を利用したメイクアップ ……………………………………… 青木　律　103

第VI章　事　例　　　　　　　　　　　　　　　　かづきれいこ・青木　律　107

- 事例 1　太田母斑と血管腫　顔面と手 ── 108
- 事例 2　血管腫　顔面の単純性血管腫 ── 114
- 事例 3　海綿状血管腫 ── 116
- 事例 4　ケロイド ── 118
- 事例 5　口唇裂口蓋裂 ── 120
- 事例 6　熱傷後瘢痕　陳旧例 ── 124
- 事例 7　熱傷後色素　色素脱出，色素沈着 ── 130
- 事例 8　打撲痕 ── 136
- 事例 9　刺青 ── 138
- 事例10　リストカット ── 140
- 事例11　美容医療後のトラブル・満足度向上 ── 142
- 事例12　眼瞼下垂と術後瘢痕　顔面神経麻痺による眉毛下垂に伴う眼瞼下垂 ── 144
- 事例13　眼瞼痙攣 ── 150
- 事例14　顔面神経麻痺 ── 152
- 事例15　アトピー性皮膚炎 ── 154
- 事例16　膠原病（1）混合性結合組織病 ── 156
- 事例17　膠原病（2）深在性エリテマトーデス ── 158
- 事例18　抗癌剤による副作用　眉毛・睫毛脱毛や顔面のしみ ── 160
- 事例19　リベド血管炎 ── 162

第VII章　リハビリメイク®の導入例　　165

- **1** スクーリングの効果 ……………………………………………… かづきれいこ　*166*
- **2** リハビリメイク外来の導入—個人クリニックの例 ……………… 青木　律　*169*
- **3** リハビリメイク外来の導入—大学病院の例 ……………………… 柳田邦昭　*172*

巻末資料　　175

- ■　化粧品の素材と作用 ——— *176*
- ■　リハビリメイク施術場所 ——— *180*

コラム　　Moment de loisir ①〜④ ……………………………………… 青木　律
5, 66, 82, 164

編集後記 …………………………………………………………………… 青木　律　*181*

索　引 ——— *182*
編者紹介 ——— *186*

第 I 章

現代における
メイクアップセラピーの
意義

現代におけるメイクアップセラピーの意義

百束比古

リハビリテーションメイクアップとリハビリメイク

　近年，医療は多様化し，単に患者の病気を治したり苦痛を除去するのみでは目的の完遂には至らなくなった。たとえば，病気が治癒した後のリハビリテーションがある。リハビリテーション医学は患者を社会に復帰させるためには必須の医療であり，命を救うとか病気を治すといった，医療によって治癒を獲得した後のその先の治療とも言え，従来より治療医学や予防医学とは区別して第3の医学と呼ばれてきた。

　そこで，リハビリテーション医学が運動機能にかかわるものであれば，形態にかかわるものがあってもよい。その需要の一部を担うのがリハビリテーションメイクアップである。それは形態や外見，ひいては心理にかかわるリハビリテーションとして位置づけることもできる。

　その対象疾患は，先天性ならびに後天性の形成外科的疾患，例えば先天異常，熱傷，外傷，腫瘍手術後変形などに留まらず，難治性の皮膚疾患，例えば膠原病，血管腫そして白斑などの疾患に及ぶ。また，皮膚色の問題であれば，心臓疾患などの内科的疾患も対象になることがある。美容医療，特にレーザー療法が進歩した現在でも，露出部位の血管腫や母斑はリハビリテーションメイクアップの補助的適用に期待しなければならない場合がある。

　さらにリハビリテーションメイクアップの技法は抗加齢（アンチエイジング）療法の一補助手法にもなり得るし，さらには一部の精神疾患や高齢者の抑うつ状態の改善に有効である可能性がある。また，死化粧にこの技法を用いることで，遺族の精神衛生の向上に貢献できるとさえ言われる。

　少なくとも，前世紀の医療におけるメイクアップの位置づけは，カムフラージュメイクとも呼ばれ，単にあざなどを隠す目的でしかなかった。これに対し，かづきれいこ氏考案の「リハビリメイク」の登場は画期的であり，必然でもあった。まさに，「隠すメイク」から「元気にするメイク」へ，言い換えれば，医療におけるメイクアップ療法の負の行為から正の行為への転換であった。

そして，かづき氏の編み出した凹凸のある部位のメイクアップの下地に用いる薄い透明なかづき・デザインテープ®は，応用範囲が広がりつつあり，その詳細は本書に詳しく語られている。

以下に私の考えている医療におけるリハビリメイクの役目について考察する。

リハビリメイクの役目

❶手術の限界をカバーする

いかに腕の立つ外科医であっても，傷あとのまったくない手術は不可能である。たしかに手術のあとをきれいに目立たなくするのはわれわれ形成外科医の専門分野であるが，それでも傷あとをゼロにはできないし，どこから皮膚を移植しても色調や肌理を同化させることはできない。それが手術の限界である。そこにメイクアップの出番がある。少なくとも顔や腕・手といった露出部位にはリハビリメイクは社会復帰のために重宝な手段となる。念を押すが，あくまでも手術は限界まできれいに行ったうえでの話であり，決して手術の失敗をカバーするということではない。

❷手術や治療経過中の代償

手術には1回で終わらない場合がある。その場合，途中経過で傷あとが目立つ場合もある。たとえば，前腕のリストカットスカーを2回に分けて切除縫合する場合，1回目と2回目の手術の間，かえって傷あとが目立つ時期がある。このような場合，傷あとを目立たなくするのにリハビリメイクが効果的である。あるいは，外傷や癌切除後の組織欠損に対して暫定的に皮弁や植皮を行い，のちに整容的な改善目的で形成外科手術を行う予定のある時などの途中経過，社会復帰に，リハビリメイクを利用することがある。

❸手術適応がない場合の代償

熱傷後瘢痕など，年余を経過するとより目立たない傷あとになると予測される場合は，植皮をしてはいけない。しかしその経過中にも人前に出なければならない場合もある。そのような場合にリハビリメイクは有用である。さらに手術後の放射線照射が必要な場合，一時的に皮膚炎を起こす場合など，リハビリメイクによって目立たなくする時期を過ごさせるのも医療の一環と考える。

❹精神疾患などの治療の補助

精神疾患，特にうつ病などの落ち込みを伴う状態の改善にリハビリメイクが有効とされる。メイクアップという「正の行動」が抑うつ状態を前向きな方向に導くのに有用ではないかと考える。精神疾患ではないが，引きこもりの青少年や老人ホームの高齢者も元気にする効果があるという。ただ，その効果がどうしたら持続するかが課

題であろう。

❺主観と客観の穴埋め

　美容外科の手術でよくあることであるが，施術医は良い結果と思っても患者が納得しないでもめることがたまにある。私はこれを「主観と客観のギャップ」と呼んでいる。

　メイクアップはこのギャップを埋めるのに好都合である。

まとめ

　かづきれいこ氏はよく言う。「最初はリハビリメイクを施して元気に社会復帰していくが，いつかメイクをとって来る。その時メイクの役目は終わったと喜ぶ」。つまり，メイクアップをしないでも立派に社会復帰してくる，という意味である。私はこれがメイクアップセラピーのセラピー（治療）であることの所以であると思う。

コラム

Moment de loisir ①　化粧は楽しい

青木　律

　このコーナーでは古今の日本文学を通じて，化粧の本質を考えて行こうと思います。表題のMoment de loisirというのは勉強の合間のちょっとした暇な時間，という意味です。

　装うということは，心ときめくものです。いつの時代もそれは変わりません。化粧をしたり，男性だったらネクタイを選ぶ瞬間などとても胸が高鳴るものです。
　枕草子26段には次のような一節があります。

　頭洗ひ，化粧じて，香ばしうしみたる衣など着たる。殊に見る人なき所にても，心のうちは，なほいとをかし（頭を洗って，化粧して，お香を焚きしめた服を着る。特別に見る人が無いところでも，心のうちはとてもわくわくする）

　作者の清少納言が凄いのは，化粧をすると他人が見ていなくてもわくわくする，と書いているところです。誰か大切な人のために化粧をする時も楽しいものですが，そうでなくてもきれいになる事はウキウキします。
　この一節を読んで，小さいころ，母親の留守中にこっそり口紅を塗った記憶が蘇りました。

1 現代におけるメイクアップセラピーの意義
形成外科から

小川　令

形成外科医は手術治療がすべてか

　形成外科は体表面の先天的・後天的異常を修復・再生し，患者の Quality of Life（QOL）を高めるために存在する。広義の「形成外科」は，狭義の形成外科（もとものマイナスをゼロに戻す）・再建外科（癌やけがでマイナスになったものをゼロに戻す）・美容外科（ゼロをプラスにする）からなる。

　形成外科は外科学の一分野として発展してきたので，この手段の軸は「手術」であるが，「体表面の異常を克服して QOL を高める」という広い目的を考えれば，「手術」は薬剤，レーザー，プロテーゼ，メイクアップなど多くの手法の1つにすぎない。

　形成外科医は，プロテーゼ，メイクアップなどの手法に頼らずに，根本的な解決を目指して，日々外科手技の開発・改善を行ってきた。技術にプライドをもち，さらに上を目指して技術を探求する姿勢は大切である。しかし，受診した患者の現在の満足度が0点だとして，手術だけで100点が取れる場合もあるが，50点しか取れない場合もあるのが現実である。この場合に，手術を繰り返すか，他の手段を探るか，手術という方法にのみ固執すれば患者が不幸になることさえある。われわれ形成外科医がメイクアップセラピーなどいくつかの引き出しをもっているか否かでは，大きな違いになる。

メイクアップセラピーがどういう手段になり得るのか

　美容外科領域では，今の満足度が50点で80点くらいまで上がれば，と思っている患者がいる。このような場合，手術をすると満足度が30点に下がることも考えられる。多くの場合，患者の期待と医師の目的がずれることによってこのようなことが生じるが，まずメイクでどのくらい改善するか試してもらい，メイクでは改善できなかった部分だけを手術する，たとえば患部

の凹凸のみを改善するといった「焦点を絞った手術」を行える可能性がある。

さらに最近では，薄いテープを前額部に貼ってメイクすることにより，眼瞼下垂が改善したり，眼瞼痙攣が止まったりと，機能的な改善が得られる可能性も示唆されている。このような場合も，まずメイクでどのくらい改善するか試してもらい，改善が得られない場合に，ボツリヌス菌治療や手術など侵襲的な治療に移行するという方法も考えられる。

外観を問題としている患者の多く，特に顔や手など人目につく「露出部」に傷を負った患者は，精神的にうつ状態となる傾向がある。医学的に見れば3年くらいたてば炎症も治まり目立たなくなると判断できるものでも，患者から見れば不安は募るばかりで，人に会うのを避けるようになり，家に閉じこもる。このような場合，メイクアップは患者の心の負担を一気に軽くすることができる。患者はメイクアップをすれば人前に自由に出られる，と「少しでも前向きな気持ち」をもてるようになるのである。この「精神的改善」こそが，リハビリメイクが単にカバーメイクとは異なり，心身面のリハビリテーションを促進する有力な医療手段であると考えられる所以と思う。さらにメイクアップセラピーは，患者側の精神的問題から不必要な手術を繰り返して受けてしまうポリサージャリーなどに歯止めをかけられる可能性がある。

このように，形成外科医から見れば，リハビリメイクは心のQOLを改善する重要な医療技術の1つであり，常にこのような手段を引き出しにもっておくべきであると思う。形成外科医がメイクアップセラピーを併用することは，「手術の限界を認める敗北」ではなく，本当に必要な手術を見極め，幅広い視野で患者のQOL向上に貢献できる「有力な武器の1つ」なのである。まとめると，形成外科領域では，メイクアップセラピーにおいて下記のような効果を期待していると言えよう。

① 術前シミュレーション（手術が必要かどうか判断する目的でのメイク）
② 術式決定（術後，メイクを併用することを前提に，手術でどこを改善すべきか決める目的でのメイク）
③ 治療中併用療法（レーザーなどで通院治療中から行うメイク）
④ 術後早期併用療法（術後早期の内出血・腫脹などのカバーメイク）
⑤ 術後後期併用療法（手術で足りなかったところを補うメイク）
⑥ 単独療法（精神的改善や眼瞼など機能的改善を目的としたメイク）

2 現代におけるメイクアップセラピーの意義
皮膚科から

船坂陽子　佐伯秀久

はじめに

　皮膚科学は元来，皮膚に生じる病的状態を医学によって治療することを目的としている。皮膚病変は眼に見えることから，皮膚科治療は美容的要素を含むことが多い。

　皮膚の病態を改善させるのに，時間を要することがある。また，外貌が悪化すること，さらには後遺症として外貌の変形が残ってしまうこともある。このような病態を有する患者にとってメイクアップは有効である。

　さらに，適切なメイクアップであれば皮膚を保湿し紫外線から防御する効果が期待できる。これらの"ケア"は健康な皮膚だけでなく，疾患を有する皮膚にとっても有効であることが多い。

皮膚科領域でメイクアップが必要となる場合

　皮膚科領域でメイクアップが必要となる病態は，紫外線曝露で悪化する場合が多く，サンスクリーン剤外用による予防とメイクを併用する場合が多い。サンスクリーン剤の正しい使い方の指導に加え，メイク化粧品による接触皮膚炎などの有無を見極めて患者指導にあたる必要がある。

　皮膚科領域でメイクアップが必要となる場合には各種病態が挙げられる（表）。これら疾患に対しての治療に際し，メイクアップについての助言を求められることが多い。以下に概説する。

1　あざ

　青あざと言われるのは太田母斑で，三叉神経第1および第2枝支配領域に出現する褐青色の色素沈着で，眼球メラノーシスをしばしば伴う。真皮にメラノサイトが増殖した結果生じる。太田母斑の場合，レーザー治療が複数回必要で，色調が十分薄くなるのに2〜3年かかるため，その間のメイクが必要となる。

　茶あざと言われているのは扁平母斑で，表皮基底層でメラニンが過多に沈着する。扁平母斑はQスイッチレーザー治療にて改善が見られるが，しばしば再発を繰り返

表 皮膚科領域でのメイクアップが必要となる場合

あざ	青あざ（太田母斑），茶あざ（扁平母斑）赤あざ（毛細血管奇形）
光老化	しみ（老人性色素斑），しわ
炎症性疾患など	アトピー性皮膚炎（色素沈着，赤み），痤瘡（赤み），膠原病（赤みを伴う皮膚病変），尋常性白斑

し，その間レーザー照射に伴う色素沈着をハイドロキノンやビタミンCなどの美白剤外用にて薄くさせながら，メイクでの整容的コントロールが必要となる。両者とも紫外線曝露により，メラニン生成が増加するので，サンスクリーン剤外用が色調悪化の予防として重要で，さらにメイクをすることによりファンデーションによる物理的な紫外線防御効果も期待できる。

赤あざとしては単純性血管腫（毛細血管奇形）いちご状血管腫（乳児血管腫），毛細血管拡張症などが挙げられる。色素レーザーによる治療を行うが，複数回の照射が必要で時間を要する。赤みを被覆する目的でメイクを活用することが多い。

2　光老化に伴うしみ，しわ

色調の濃い老人性色素斑では，通常のメイクでは十分に隠すことができないために，Qスイッチレーザー治療を希望される場合が多い。レーザー治療後は痂皮形成が見られるために，コンシーラーなどを用いる。レーザー治療は一過性に色素沈着を来たし，かえって目立つこともあるために，色調が薄い場合レーザー治療が適応されないこともある。その場合は，IPLなどの光治療やケミカルピーリング，美白剤の外用で対応する。紫外線は光老化の主たる原因なので，サンスクリーン剤外用をメイクの際に併用することが重要である。

光老化に伴うしわは主に真皮の膠原線維の減少，日光弾性症（solar elastosis）により生じる。注入療法やレーザー，ラジオ波による治療で対応するが，サンスクリーン剤外用による予防をするとともに，光老化皮膚の特徴としての黄ばみを改善させるのにはメイクが役立つ。

3　皮膚疾患に伴う皮膚色の是正

❶尋常性白斑

表皮のメラノサイトが減少もしくは消失することにより，白斑を呈する。白斑と健常皮膚との境では逆に色素増強を来たすので，コントラストが目立つ。紫外線照射療法により外毛根鞘のメラノサイトを表皮へ遊走させることにより色素再生を促すが，経過中毛孔に一致して色素再生が見られるため，ぶち状となる。毛孔周囲からメラノサイトが拡散していくことにより，最終的には均一な色素再生を得ることができる。治療前の白斑に対し，また治療中のまだら

な状態に対してメイクを要することが多い。ジヒドロキシアセトンは，角層のケラチンを構成するアミノ酸残基と反応することにより，黄色から茶色の着色を角層に施すことができるので，白斑部のメイクに用いる。ただし，角層の剥離とともに色調は薄くなるので，1週間に一度は再塗布する必要がある。

❷アトピー性皮膚炎

角層機能に破綻を来たし，経表皮水分蒸散量が増加している。アトピー性皮膚炎による顔面皮膚の赤らみや色素沈着に対して，保湿機能にすぐれ感作を生じにくいように工夫された化粧品を使用し，安全にカバーすることが大切である。

❸痤瘡

炎症を伴う紅色丘疹が多数ある場合，整容面を本人が気にして来院することが多い。ピーリング効果のあるレチノイドの誘導体のアダパレンの外用剤やケミカルピーリング，抗生物質の内服などにて病状をコントロールするとともに，毛孔がつまり，嫌気性菌であるアクネ菌が増殖しないよう正しいスキンケアを指導する必要がある。炎症が強いと毛包破壊に伴い，瘢痕形成，いわゆるにきびあととなるので，予防が大切である。ノンコメドジェニックな化粧品を用いて赤みなどを被覆する。

❹全身性エリテマトーデスなどの膠原病

顔面に蝶形紅斑などが生じ，紫外線曝露で悪化する。遮光目的でサンスクリーン剤を外用するとともに，赤みに対するカモフラージュ目的で化粧品を使用することで，さらなる遮光効果を得ることができる。

メイクアップセラピーの効用

メイクアップセラピーの効用として，皮膚科患者の精神面での援助という側面が挙げられる。精神状態や精神的ストレスが皮膚疾患に与える影響が大きいことが知られている。自らの外貌が化粧で改善する方法が存在するということがわかるだけで，多くの患者は精神的に救われ，治療に対して前向きになれる。

皮膚科とメイクアップは車輪の両輪であり，この2つをよく理解しておくことは重要である。

3 皮膚の外見と心の悩み
―サイコダーマトロジーの観点から

檜垣祐子

はじめに

　皮膚は人体の最外層にあって，常に心理状態の影響を受けて変化している。たとえば皮膚の色調を考えてみると，恥ずかしくて赤面する，恐怖のあまり蒼白になる，などの表現があるほか，色調の変化だけでなく，怖くて鳥肌が立つ，焦って冷や汗をかく，など誰しも経験することである。このように，皮膚は情動を表出する器官であり，心理状態と皮膚とは切り離せない関係にある。

　このような皮膚と心の関係，さらに社会とのかかわりの中で，皮膚のもつ役割や問題を取り扱う学問領域がサイコダーマトロジーである。

サイコダーマトロジーと皮膚心身症

　サイコダーマトロジーの対象となる疾患は，広義の皮膚心身症と言える。一般に心身症とは，身体疾患の中で，その発症と経過に心理社会的因子が密接に関与し，器質的ないし機能的障害が認められる疾患をさす。現在，心身症と捉えられる疾患は多岐にわたり，皮膚疾患も例外ではない。皮膚は心理社会的因子の影響を受けやすいことから，皮膚心身症と捉えられる疾患は少なくない。

　皮膚心身症には大まかに言って，精神障害による症状が皮膚に発現したものと，心理的要因が関与する皮膚疾患の2つの疾患群がある。前者にはトリコチロマニア，自傷性皮膚炎，寄生虫妄想などが含まれ，これらについては精神科，心身医療科との連携を考慮する必要がある。後者にはアトピー性皮膚炎，乾癬，痤瘡，蕁麻疹，脱毛症，多汗症，皮膚瘙痒症など多くの疾患が含まれる。これらについては，皮膚科医が主体的に治療していくのがよいと思う。もちろん，おのおのの皮膚心身症に精神的要因がどのように，どの程度かかわっているかは疾患ごとに，症例ごとに異なることを念頭に置く必要がある。

　いずれの場合も，心と皮膚を結びつける道筋には，身体・心理・社会の3つの領域がかかわっていることを認識し，これら

を横断的に統合して皮膚疾患を理解していくことが大切である。

皮膚疾患とQuality of life (QOL)

さて患者が医療機関を受診するのは何のためであろうか。もちろん皮膚疾患があればそれを治療するためであるが，患者は皮膚疾患があるがための苦痛やうっとうしさ，生活に支障を来たしていること，疾患がどういうものか，これからどうなるのかを心配して，それらを解決しようと期待して受診するのである。言いかえれば，皮膚疾患があるために障害されている心身の不調，生活機能上の問題，すなわちquality of life（QOL：生活の満足度）を回復するために受診するのである。

皮膚疾患の中には慢性で，長年にわたり不快な症状の続くものがあり，また特有の自覚症状である痒みを伴うことにより，不眠や集中力の低下など，日常生活に支障を来たしQOLを低下させる。また皮膚独特の問題として，人目に触れる，見られるという「外見上の問題」を伴うため，患者にとって感情面や社会生活上，大きな負担となる。外見は他の臓器の疾患と異なる，皮膚疾患独特の問題であり，QOLを考える場合に，欠かせない問題である。

皮膚疾患による外見の変化とボディイメージ

自分自身の体や外見についての内部からの見方をボディイメージという。ボディイメージは自分自身の感情や思考に影響されるほか，対人関係や社会生活と相互に影響しあう。皮膚に関するボディイメージは，「自分自身の皮膚，毛髪，爪の外見についての内部からの見方」ということになろう。

皮膚に関するボディイメージが問題になるのは，大きく分けて2つの場合が考えられる。第1には，多くの皮膚疾患や外傷，熱傷など外見の変化を伴う場合で，患者は否定的なボディイメージをもちやすく，その改善は治療のアウトカムの1つとして重要である。第2には自分の外見に嫌悪感や不満をもっているが，他者から見ればそれに相当する問題がない場合で，たとえば微細な瘢痕，いわゆる「くま」，肌理などを非常に気にして訴える症例を経験する。極端になると，身体醜形障害に至り，ボディイメージの障害がその病態の中心となる。

ボディイメージの問題は文化的な背景から，特に女性にとって，より大きな問題となりやすい[1]。このことは患者のQOLにも密接に影響すると考えられ，一般に皮膚疾患患者では，感情面のQOLへの影響が，男性と比較して女性ではより深刻である。

外見から心へ働きかける リハビリメイク

　QOLの向上のためにも，否定的なボディイメージに対するアプローチが大切であるが，その方法の1つにリハビリメイクがある。

　リハビリメイクとはフェイシャルセラピストのかづきれいこ氏が提唱しているもので，外傷や疾病のために顔などに外見上の変化をもつ人の社会復帰を支援するためのメイクアップである。これは，「自分自身が元気になるためのメイク」であり，自分を飾り，人に美しく見せるためのものではない。またメイクアップによって患部を隠しはするものの，最終的な目的は自分自身の容貌，外見を受け入れていくことにある。

　筆者の所属する東京女子医大附属女性生涯健康センターでは，かづきれいこ氏自身とそのスタッフによりリハビリメイクを提供している。

　その対象となる皮膚疾患は幅広く，母斑，血管腫などの先天性疾患，色素性病変，瘢痕のほか，膠原病や痤瘡，アトピー性皮膚炎のような炎症性疾患も含まれる。

　筆者らは，顔面に何らかの皮膚病変を有する女性86例について，リハビリメイクを施術し，2週間後の回答を得られた46名で，メイクへの満足度，QOLへの影響を調査した[2]。その結果，visual analogue scale（VAS）で評価したメイクへの満足度（0mm：非常に不満，100mm：非常に満足）は，メイク前平均33mmであったが，メイク直後に89mmと大きく上昇し，2週間後にも72mmと高値を保っていた。また，皮膚疾患特異的QOL評価尺度の1つであるSkindex-16で評価したQOL（症状，感情，機能について，0～100点で評価，点数が高いほどQOLが低い）は，症状スコアが18から12，感情が53から40，機能が40から30といずれもリハビリメイク後に有意（P<0.01）に改善した（図1）。

　さらに，リハビリメイクの影響について，cutaneous body image scale（CBIS）を用いて皮膚に関するボディイメージの観点から検討した[3]。その結果，メイク前のCBISスコア（0～9点，点数が低いほど皮膚に関するボディイメージが否定的）は，2.53と一般人女性4.094と比較して低いが，メイク3週間後の回答のあった54例では，CBISは一般女性よりは依然低いものの，3.41と有意（P<0.05）に改善した（図2）。これらの調査結果から，外見の問題を抱える女性においては，低下したQOLと否定的なボディイメージがリハビリメイクによって，改善がもたらされることがわかる。

　また，メイクという性質上，皮膚疾患の中でも，テクスチャーの変化のない，しみや太田母斑などに大きな効果が期待できるのは当然として，アトピー性皮膚炎などの炎症性皮膚疾患についても，症状が軽快

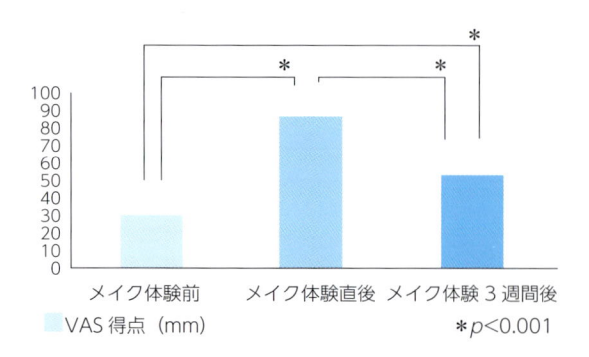

図1　リハビリメイクによる容貌への満足度の変化
〔渡邊郁子ほか：精神科 18：369-376，2011（文献2）より許可を得て転載〕

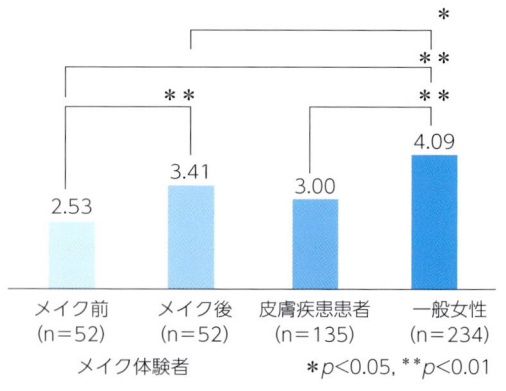

図2　メイク体験者（メイク前後），皮膚疾患患者および一般女性における CBIS 値の比較
〔渡邊郁子ほか：精神科 19：324-330，2011（文献3）より許可を得て転載〕

し，安定していれば，リハビリメイクの施術は可能であり，QOL の向上に役立つ症例がある[4]。

リハビリメイクを受けた後には，「心が軽くなりました。人目を気にせずいられます」「久しぶりに自分の"元気な顔"を見ることができました」などの感想が述べられ，活力が生まれ，前向きな姿勢へと変化するものが少なくない。また，「傷が目立たなくなったので，びっくりしました」「自分では明るく，前向きに歩んでいるつもりですが，メイク後の姿を見て，もっと心が高まり，明るくなった感じがします。生活が積極的になりそうです」などの声が聞かれる[5]。

このように，リハビリメイクは外見だけでなく，心にも働きかけ，満足感を高めることのできるユニークな手段の1つではないかと考えられる。

外見の変化にかかわる問題には，個人の経験や，物事の捉え方など，複雑な要素が関与する。その解決のためには，外見そのものを改善させる方法と，心理面に働きかけ，自分自身が抱える外見に対する否定的な感情や不満，すなわちネガティブなボディイメージの改善を目指す，2つのアプローチが考えられる。リハビリメイクはこのどちらとも言いがたく，両者の中間に位置付けられるのではないだろうか。つまり，限られた時間だがメイクにより外見を変化させることで，「こんな風になれる」と実感することができ，このことが心理面にも影響して，自分自身の否定的なボディイメージを改善させるのではないかと思われる。

おわりに

皮膚心身症において大切なことは，皮膚のトラブルを抱える患者自身が，自身の皮膚の状態と心理社会的問題とが関連していることを理解する，つまり心身相関に気づ

くことが始まりであり，それによって，自ら解決に向かう場合が少なくない．また，疾患から派生する問題として，外見にかかわるボディイメージへの影響やQOLの低下については，あくまでも患者の主観によるものであることを治療者側が認識しておく必要があり，患者の不安や悩みについて，共感的な態度で対応することが大切である．

【文献】

1) Higaki Y, et al:Japanese version of cutaneous body image Scale; Translation and validation. J Dermatol 36: 477-484, 2009
2) 渡邊郁子ほか：容貌の問題を抱える女性のQOLとリハビリメイクの有用性の検討．精神科 18：369-376, 2011
3) 渡邊郁子ほか：容貌の問題を抱える女性のQOLとリハビリメイクの有用性の検討（第2報）．精神科 19：324-330, 2011
4) 檜垣祐子ほか：アトピー性皮膚炎へのメイクアップ；皮膚科医のための香粧品入門．皮膚臨床 56：1862-1867, 2014
5) 檜垣祐子，かづきれいこ，加茂登志子ほか：顔面の皮膚病変に対するリハビリメイクの患者QOLへの影響．臨皮 60：879-883, 2006

4 婦人科で活かせるメイクアップセラピー

宇津木久仁子

はじめに

　婦人科的にメイクアップが力を発揮するのは，更年期と癌の治療中であると著者は考える。前者はエイジングによるものでもあるので，簡単に述べさせていただく。後者は著者の専門分野であるので，やや詳しく述べさせていただく。

更年期女性とメイク

　女性は幼年期，思春期，成熟期，更年期，老年期という一生の中で，生殖能力のある時期が，最も外見的に美しく，また，活力のある時期である。更年期となり月経がなくなり閉経するということは，明らかに加齢現象である。月経がなくなるということは，卵巣からの女性ホルモン分泌の終了を示すものであり，女性としての衰えを自覚する時期である。実際には，女性ホルモンが卵巣から分泌されなくとも，女性ホルモンはゼロになる訳ではなく，副腎などからの分泌がある。

　更年期症状として最も多いのは，いわゆるホットフラッシュというのぼせや発汗，いらいら，気力の衰え，関節の痛み，さらに重症な場合はうつ状態になることがある。これらの症状が強い場合はホルモン補充療法で，症状を軽減することもできる。しかし閉経を転機に皮膚や外見の衰えを自覚するところとなる。このような時期にメイクアップで若々しく保つことは，女性としての自分自身の意識をキープするうえで大切である。老年期になると外見はますます衰えるが，これは実際の年月とともに徐々に変化するものなので，日々のエイジングケアが必要であろう。

　これはまったくの私見であるが，メイクはほどよいのがベストで，濃すぎるのもかえって不自然でしわを目立たせるので注意が必要である。また，メイク以外でも体型を保つ努力，つまり急に太ったりやせたりしないこと，姿勢をよく保つこと，それから，顔の輪郭を保つうえでも歯の健康に留意することが大切であると，常々思っている。

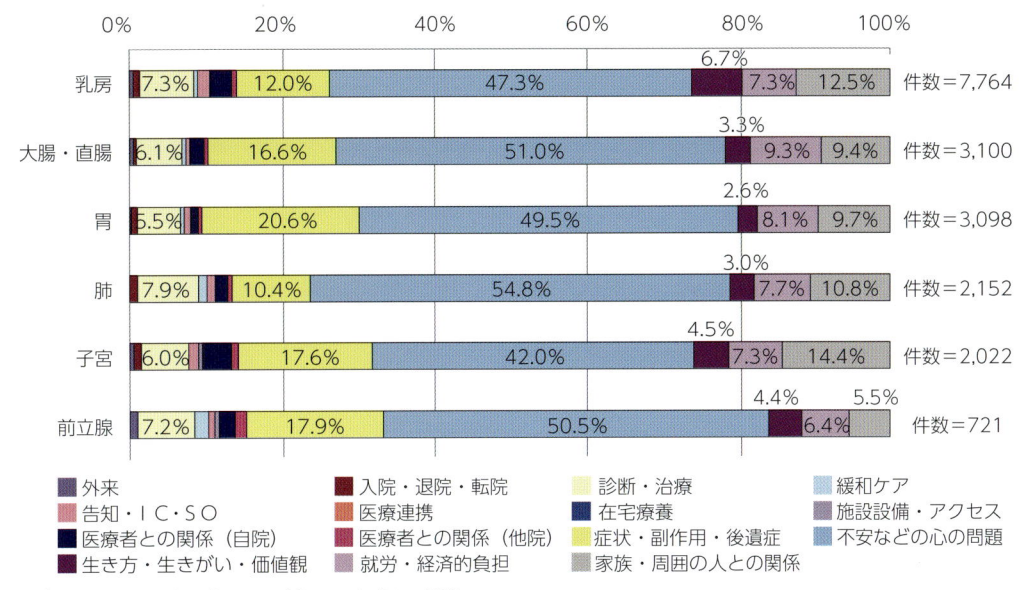

表1 癌の種類別による悩みや負担の件数
〔静岡県立がんセンターホームページより（厚労科研費補助　短期がん生存者を中心とした心のケア医療相談のあり方に関する調査研究）〕

癌治療とメイク

婦人科の疾患の中で，最も外見に変化を来たすのは，癌の治療であろう。これは婦人科に限らず，どの癌でもそうである。治療，特に抗癌剤治療による外見の変化の場合と，病状が進み癌性悪液質とよばれるような終末期の状態とが特に重要である。

1　抗癌剤と脱毛

静岡県立がんセンターが行った調査で，癌患者の悩みや負担に関する報告を示す（表1）[1]。全体では，①不安などの心の問題が48.6％，②症状・副作用・後遺症に関するものが15.1％，③家族・周囲の人との関係が11.3％，④就労・経済的負担が7.9％，⑤診断・治療が6.7％であった。婦人科の患者においても1位は病気に対する不安であるが，2位は副作用・後遺症に対する不安であった。さらに，副作用・後遺症の中での順位では1位がリンパ浮腫，2位が脱毛であった（表2）。抗癌剤の投与によって脱毛が起こる。最も顕著なのが毛髪であるが，眉毛やまつげも抜けるため，外見上の変化をもたらす。このような患者はメイクをすることによって，以前と変わらない外見をキープすることができる。すなわち，眉毛を描き，アイラインを入れたり，チークで頬を染め，口紅やリップクリームをつけることで，いつもの自分らしくいることができる。

婦人科で使用する抗癌剤，および脱毛の

表2 癌の種類別「症状・副作用・後遺症」の細分類による上位10位

	乳房	大腸・直腸	胃	肺	子宮	前立腺
1	抗癌剤による脱毛	下痢・頻便・便失禁	胃切により食事が十分に食べられない	治療後の体力低下・体力回復	リンパ浮腫によるむくみ	尿失禁
2	抗癌剤による他の症状(貧血など)	便秘	胃切後に体重が増えない、体重減少	持続する術後後遺症(痛み・肩こり)	抗癌剤による脱毛	頻尿
3	持続する術後後遺症(痛み・肩こり)	治療後の体力低下・体力回復	治療後の体力低下・体力回復	他の持続する術後後遺症	(リンパ浮腫)日常生活における肉体的・精神的揺らぎ	性機能障害による性交不能,性欲がない
4	リンパ浮腫によるむくみ	排便障害による頻回なトイレで外出時,仕事中落ち着かない	胃切による食事に関するその他の影響	抗癌剤による脱毛	放射線の副作用による他の症状	その他の持続する症状
5	他の持続する術後後遺症	人工肛門の取扱い	下痢・頻便・便失禁	(持続する症状)痛み	尿失禁	排尿障害による頻回なトイレで睡眠不足
6	抗癌剤による吐き気	罹患前の状態に戻れるか	胃切による食後のダンピング症状	その他の持続する症状	(ホルモンバランスの変化)臓器摘出などによる更年期症状	ホルモン治療などによる体重増加
7	治療後の体力低下・体力回復	抗癌剤による他の症状(貧血など)	胃切手術後の回復	抗癌剤による他の症状(貧血など)	治療後の体力低下・体力回復	治療後の体力低下・体力回復
8	(ホルモンバランスの変化)臓器摘出などによる更年期症状	持続する術後後遺症(痛み・肩こり)	胃切により食事がつまる	抗癌剤による吐き気	抗癌剤による吐き気	便秘
9	(持続する症状)痛み	他の持続する術後後遺症	便秘	歩くと目まいや息苦しさ	抗癌剤による他の症状(貧血など)	罹患前の状態に戻れるか
10	罹患前の状態に戻れるか	その他の持続する症状	胃切による日常生活に関する悩み	体を動かすと息苦しい	他の持続する術後後遺症	抗癌剤による他の症状(貧血など)

〔静岡県立がんセンターホームページより(厚労科研費補助 短期がん生存者を中心とした心のケア医療相談のあり方に関する調査研究)〕

しやすさを示す(表3)[2]。特に脱毛の可能性が高い抗癌剤を使う時は,ウイッグや帽子の準備をしたり,化粧の工夫をすることで,治療期間中も外見をあまり気にせずに治療に励むことができる。

表3 抗癌剤の脱毛への影響

一般名	脱毛の出現頻度
シスプラチン	25.7%
カルボプラチン	18.3%
ネダプラチン	14.2%
パクリタキセル	28.2%
ドセタキセル	78.7%
イリノテカン	27.7%
ノギテカン	28.5%
エトポシド	44.4%
シクロホスファミド	24.3%
イホスファミド	42.7%
ピラルビシン	21.5%
エピルビシン	24.2%
リポソーム化ドキソルビシン	24.3%
ゲムシタビン	0.4%
ブレオマイシン	29.5%
ビンクリスチン	21.9%
ビンブラスチン	4.6%
ベバシズマブ	10.9%

(日本婦人科腫瘍学会編:卵巣がん治療,ガイドライン2015年版. pp188-191, 金原出版, 東京, 2015より引用)

2 緩和ケアとメイク

次に緩和ケアや癌性悪液質の状態でのメイクについて述べる。すでに進行した癌で、これ以上の積極的な癌の治療がない場合は、少しでも良い状態で、1日でも長く過ごしていただくために、栄養摂取のための点滴や、呼吸困難があれば酸素投与などが行われる。この状態の時はすでに、体重も減少し、るいそうもあることが多い。この状態では、本人自身が意欲的にメイクをすることはないが、他人の手によってメイクがなされる。このような状態でも、メイクをしてもらうことで、精神的にも元気がでたり、喜ばれる。本人にとっても鏡に映る自分がやつれた顔をしているよりも美しい顔の方が喜ばしい。さらに、癌の終末期の患者にメイクをすることによって元気な時に近い顔貌になると、家族が大変喜ばれる。したがって終末期のメイクは本人と家族の両者の利益になる。

著者は癌研有明病院の中で「帽子クラブ」というボランティアの会を主宰している。この会の活動内容は、手作り帽子の講習、帽子の販売、お化粧のお手伝い、眉のカット、ウイッグの説明と販売などである。月2回はプロにメイクをしてもらう催しをしている。メイクがある日には、面会前や気分転換などの目的で数人の患者が施術してもらう。また、同日に、緩和ケア病棟からも声がかかると、緩和ケア病棟まで出張メイクをお願いしている。

3 入院中のメイク

入院中のメイクは、病院によっては禁止しているところもある。特に外科的な手術後は、患者の状態を把握するため、チアノーゼや貧血の有無を、顔色や爪の色が参考になるため、メイクは通常禁止されている。しかし、その後、回復した場合は、メイクが妨げになることはない。当科では、周術期以外のメイクは許可されている。ただし香りの強いものは避けていただいてい

る。同室の患者に抗癌剤投与中の方がいた場合，抗癌剤の使用中は香りに敏感で，花の香り（通常はよい香り）でも抗癌剤投与中は吐き気を催すことがある。また，当科において周術期以外の化粧が許可されているといっても，入院中はマニュキア，ネイルは禁止されている。マニュキアやネイルは，酸素濃度を測るために爪にはさんで使用するパルスオキシメーターをつけることがあるということと，例えば倒れたり意識がない状態に陥った時に，無意識にその爪で看護者を傷つけたりする可能性があるからである。加えて言えば，まつげのエクステンションはつけていても構わないが，手術の時に目が乾燥しないようにまぶたにテープをはるので，エクステンションの一部がとれてしまうことがあるのを知っておいて頂く必要がある。

病院によっては，入院中のメイクが禁止されている施設もあると思う。それでも，最低限のメイクとして，眉を描くことと唇にリップクリームを塗ることは，バイタルサインを見るうえでまったく問題にならないので，患者にそのようにアドバイスすることができる。

4 患者の反応

先に述べた当院のボランティアの会「帽子クラブ」でメイクをして頂いた方からの意見を挙げると，「お化粧の力に驚いています。午前中は疲れてボーッとしていたが，化粧をしてもらって鏡の中の自分の顔の変化を見た時，力がみなぎってきた」，「眉カットをしてもらい気持ちが晴れ晴れした」など，メイクを喜んでくださる方が多い。また，メイクをしてもらっている時は，病気のことはすっかり忘れているようで，仕上がって鏡を見ると皆さん，笑顔になるのが印象的である。また，メイクをしていないと，面会の方や周囲の方と会うのがおっくうになってしまうところ，メイクにより，自信をもって人と会えることで，対人関係に消極的にならなくて済むという利点があると考える。このような婦人科におけるメイクの力を医療者にもぜひ知ってほしいところである。

まとめ

外見を美しく保ちたいというのは女性の願望である。またそれが衰えた時に，以前のような状態でいたいというのも当然の願望である。外見は，心の中も映し出すものであるので，外見をキープし，心の中の平穏を保つというのが理想である。メイクは，その外見をキープするうえで，重要な意味を有するものである。

【文　献】

1) 短期がん生存者を中心とした心のケア医療相談のあり方に関する調査研究：静岡県立がんセンターホームページ，Web版よろず相談Q&A http://www.scchr.jp/
2) 日本婦人科腫瘍学会編：卵巣がん治療ガイドライン2015年版．pp188–191，金原出版，東京，2015

5 耳鼻咽喉科における QOL向上のメイクアップセラピー

大久保公裕

はじめに

　耳鼻咽喉科におけるメイクアップセラピーの意義はQOLの向上にある。耳鼻咽喉科および頭頸部外科では，しばしば顔面を切開しなければならない手術が必要となる症例がある。進展した上顎腫瘍や鼻腔，鼻前庭腫瘍や口腔内腫瘍（舌腫瘍，口唇腫瘍），耳下腺腫瘍などの悪性のケース，そして良性疾患でも眼窩底骨折，先天性耳瘻孔などがある。良性疾患では切開部は大きくなく，顔面皮膚の血流の多さで切開の傷は比較的きれいになりやすいが，悪性の場合には皮膚の切開創が大きかったり，皮膚の部分切除や皮膚の下の骨切除を伴うこともしばしばで，その結果，術後には術前と顔貌が大きく変化するケースが確実に存在する。このような症例での術後の心のフォローアップ，QOL向上にはメイクアップセラピーが非常に有効な治療ツールになり得る。
　また傷を隠すメイクアップではなく，逆に攻めるリハビリメイクが効果的なものとして耳鼻咽喉科疾患では花粉症が挙げられる。花粉症において皮膚疾患を合併する頻度は多く，花粉暴露がない家でのメイクにより，外に出て皮膚症状を軽減させる効果がメイクにはあり，それが花粉症のQOL向上のためのメイクアップセラピーと位置づけられると考えている。

頭頸部腫瘍術後におけるメイクアップセラピー

　進展した頭頸部腫瘍で顔面に切開をおかなければならない症例は多数存在する。上顎癌では特に下眼瞼から外鼻側方を下向し，口唇まで切除する症例もあり，その下に存在する上顎洞を含む上顎骨を全摘出し，裏打ちとして筋皮弁などをおく。この結果，顔貌は変形するが傷がその変形を手術によるものだと強調する。切開縫合の傷だけでも段差をなくすことができれば，その顔貌の変形は最小限に留められる。頭頸部癌におけるメイクアップセラピーはその顔貌の変形を最小限に留め，人からの視線を感じにくくさせる効果が期待されている。まだまだ頭頸部外科分野では一般的で

はないが，これからの高齢化社会における頭頸部腫瘍の増加には，この領域のもたらすQOL向上は有用な治療ツールとなり得る可能性がある。

花粉症における
メイクアップセラピー

　花粉症における治療の基本は，抗原防御にある。マスク・メガネは一般的に知られた花粉暴露の防御法である。これは眼や鼻腔に侵入する花粉を最小限にするための方法論である。花粉症では皮膚病変も多い。目の周り，鼻の周りが，男性でワイシャツの首回りが痒くなったり赤くなったりするのは周知のとおりである。これを防御するにはメイクは非常に優れた治療法である。実際に花粉が皮膚に直接当たらなければ皮膚のアレルギー反応は生じ得ない。目の周囲，特に下眼瞼部のテープによる赤みの軽減には非常に効果をもたらす。また鼻腔の下の花粉を含んだ鼻汁が出る部分も同じ効果を得られるものと考える。癌が隠すことによるQOL向上だとすれば，花粉症では積極的な症状発現抑制の治療法としてメイクアップセラピーが有用な治療法として今後展開されるべきものと考える。

まとめ

　耳鼻咽喉科，頭頸部外科では顔面という人から見られる部分を治療ターゲットとしているため，その症状発現に顔面が大きく関与する。現状では疾患そのものを治療する方法論が主体であるが，実際には病変部がまったくなくなったとしても，発症以前と同じく生活したい希望が患者にはあるはずである。このため，病変部がなくなったとしてもキュアではなく，ケアとしての治療は，心だけではなく，身体的にも必要なはずである。悪性疾患がたとえキュアしても，術後のケアの重要性は明らかであり，そこにこのメイクアップセラピーの意義が見い出せれば患者QOLの向上は明らかである。また花粉症などの良性疾患においても，花粉という外敵からの防御に重要であることを述べた。しかし花粉以外にもPM2.5や黄砂など，まだまだ未知の微粒子物質による皮膚病変がこれから考えられるのであれば，このメイクアップセラピーの意義は耳鼻咽喉科，頭頸部外科領域では今後，大きくなる可能性を秘めている。

6 身体醜形恐怖および精神障害とメイクアップセラピー

町沢静夫

はじめに

　筆者が定義するところのメイクアップセラピー（以後，メイクセラピーと略す）は，メイクそのものの効果と，メイクをしながら話しかけ，それが結果的に心理療法になっているという効果，直接皮膚に接するスキンシップの効果，この3つがメイクセラピーの主たる効果と考えている。このようなメイクセラピーによって，顔や身体の否定的なこだわりを精神医学的に治療するとともに，気分の改善が得られると思っている。

　現代医学は根治療法を主に目指しているものであるが，それが不可能ならば，それに代わる代替療法の存在が不可欠である。メイクセラピーは，この意味で精神医学の重要な現代の代替療法の1つとみなしてよいと思われる。さらに，火傷や事故後の外傷によって顔に強い変形を生じた人に対して，外科のみならず精神医学の側面から見てもメイクセラピーが功を奏し，時に根治療法に近いケースも見られるものである。

　筆者は精神科では，身体醜形恐怖の患者をかづきれいこ氏のメイクセラピーに依頼している。筆者の治療法で思うように効果が得られない時に依頼する。最初は正直なところあまり期待してはいなかった。しかし，患者の中には顕著に効果を示す人がおり，メイクセラピーに注目することになった。ここでは，身体醜形恐怖とメイクセラピーの関係を述べてみる。

身体醜形恐怖の実際

　身体醜形恐怖は1つの恐怖症，強迫観念あるいは時には妄想障害というレベルとして考えなければならないものであって，精神科医や臨床心理士といった専門家がかかわらなければならない困難な病気だといってよい。

1　特徴

　このような人たちの言う，「自分が醜い」と感じる部位は，客観的には極めて微細な

ものであっても，本人にとっては極めて大きいと感じる。このように「自分の顔は醜い」あるいは「身体が醜い」という本人の意識によって，仕事や日常生活，対人関係に大きなつまずきをもたらすものである。

身体醜形恐怖は女性に多く見られるように思われるが，米国では男女比は1：1の割合である[1]。日本でもその比率に近づいているが，女性がやや多い。部位を示す（表）。

また，身体醜形恐怖はうつ病のように，症状が強くなったり，あるいは軽くなったり，といった波のような症状の変遷は少ないものである。

多くは自室にこもっていたり，あるいは人に目立たないようなところにいようとする。例えば，通勤や通学の際には電車の一番うしろや出口に近い所に乗ったり，あるいはまた，朝早く職場や学校に行こうとする。いわゆる回避傾向が強い。

また，鏡を始終見て自分の顔あるいは身体を確かめることも多い。自分の部屋に3つ鏡を置き，廊下に2つ，トイレに2つといったように，鏡を必要以上に多く置くことも彼らの特徴である。自分の顔が醜くならないようにふるまったり，その角度を調べたりするためである。これは強迫行動（止めようと思っても止められない行動)[2]とみてよい。

しかし，鏡を見るという身体醜形恐怖の人たちは，まだよしとしなければならない。最も重症なのは，自分の醜い顔を見たくないといって，鏡を見ない身体醜形恐怖の人たちである。この場合は，妄想障害と言ってよく，治療は極めて難しくなる。

表 米国における身体醜形恐怖を訴える部位

・皮膚	65%	・頬	8%
・髪の毛（特に縮れ毛）	50%	・歯	7%
・鼻	38%	・耳	7%
・眼	20%	・頭の大きさ	6%
・脚ないし膝	18%	・指や足の指	5%
・顎	13%	・手，腕	5%
・胸や乳頭	12%	・額	4%
・胃ないし腹部	11%	・殿部	4%
・唇	11%	・背の高さ	4%
・体のつくり全体（あるいは骨の形）	11%	・手	3%
・顔の大きさや形	11%	・顔全体の醜さ	3%
・ペニス	9%	・肩	2%
・体重	9%	・頸部	2%

(Phillips KA：The Broken Mirror. Oxford University Press, New York, 1996 より引用)

2　治療

　この身体醜形恐怖は，大きく3つのタイプに分けられる。すなわち，恐怖症型，強迫観念型，妄想型である。

　単なる恐怖であれば神経症的なものとしての治療が行われ，治りやすい。しかし，強迫観念となるといささか難しくなり，薬物も使用しなければならないことになる。しかし，まだこのレベルでは認知行動療法[3]や行動療法[3]などによって改善が望まれる。

　妄想障害となっているレベルでは，これは完全に分裂病の妄想と類似したものであり，抗精神病薬を使用した治療が主体となる。

　このように身体醜形恐怖は決して治りやすい疾患ではない。

身体醜形恐怖の歴史的由来

　100年以上前から，身体醜形恐怖の精神障害があったと考えられる。20世紀初頭のウィリアム・ステッケルは1949年に「身体について心配するようなある特徴的な強迫的思考をもった一群」として「自分の身体の一部分について，いつも捉われている人々の一群があり，1つの例として，それが鼻だったり禿げ頭だったり，耳，目，胸，生殖器だったりして，それが本人にとって非常に苦痛である」ということを書いている。

　この病気が身体醜形恐怖と呼ばれるようになったのは1987年からであるが，それより以前は，イタリアの精神科医で身体醜形恐怖の患者を数多く診たエンビケ・モルセリという人が作ったdysmorphophobiaという言葉が一般的に知られていた。ギリシャ語で，特に顔について「醜い」という意味を表す言葉で，ヘロドトスの『歴史』に初めて出てくるdysmorphiaという言葉からきている。その中で，女神の手によって撫でられ，スパルタの中で最も美しい女性になり，後にスパルタの王様と結婚した「スパルタの最も醜い少女」という伝説についても述べられている。

　ヘロドトスは次のように書いている。「シータという名の乳母は毎日自分の子を抱いて神殿に向かい，神像の横にその子を寝かせ『この子の醜い顔を何とかして治して下さい』と神に祈った」[4]。

　ヨーロッパや日本，ロシアの文献にも記されている。クレペリンはこれを強迫神経症と考え，それを記載している。フランスの精神医学者であるピエール・ジャネーも醜形恐怖を強迫観念と考えていたものであり，フロイト自身，あの有名な狼男のケースを取り上げ，それは強迫的に自分の鼻の大きさにこだわっているとして症例を述べている[4]が，この症例こそまさに身体醜形恐怖の一種と考えられる。

　米国では，1980年になって初めて本格

的研究が始まった[3]。アメリカ精神医学会作成のDSM-Ⅲ（1980）に初めて「醜形恐怖」と記されて現れた[3]。「身体醜形恐怖」という言葉はDSM-Ⅲ-R（1987）に初めて登場し，そこで初めて今日われわれが使用している用語につながってくる。

DSM-Ⅳ（1994）の記載では，身体醜形恐怖の中で妄想的なレベルのものが一番治療が困難な病像と考えており，それは妄想的身体醜形恐怖と記さねばならないとしているが，表記は身体醜形恐怖および妄想性障害という診断も加え，2つの診断を記さねばならない。

身体醜形恐怖に関しては，各国で報告されていた。Phillips KAはその著書「The Broken Mirror」[4]で次のように報告している。

「日本からの報告では，筆者が見たケースと似たようなものがいくつかありました。1人は25歳の男性で，自分のたるんだ鼻と，いつもしかめっ面に見える眉毛のせいで悩んでいました。もう1人の28歳の女性は，自分の鼻の形が歪んでいると思い込み，それをブラシで叩かれたせいだと考えていました。6度も手術を受けたのですが，彼女の心配がなくなることはありませんでした。3人目は25歳の女性で，自分はたれ目であるということ，鼻が変な形をしているということ，眼球の本来は白目であるべきところが黄色い色をしていることで悩んでいました。彼女は4回も手術を受けたのですが良くならず，そのうちの1回のせいで，鼻の調子がおかしくなったと思い込んでいたと言います」。

日本で身体醜形恐怖が注目され始めたのは，1990年を過ぎた頃である。このような日米の10年間の開きがあるのは，いずれの病気についても日本は米国に10年遅れて研究が始まるということとも符合する。

身体醜形恐怖の疫学と原因

現在では，ICD-10（1994）[5]でもこのような身体醜形恐怖を扱っている。ICD-10とはWHOの診断基準である。今現在では，米国も日本も身体醜形恐怖という言葉は一般的になっている。もちろん米国の有病率には及ばないが，日本の有病率も極めて高いものである。

先進国であるほど有病率が高くなるのは当然である。アメリカの場合，スーパーマーケットのレジにはきれいな女性が表紙を飾る本が所狭しと並んでおり，それを見ながら待っているという状態が，身体醜形恐怖をいっそう強めている1つのきっかけである，ということはよく言われる。

自分の顔や身体を気にすることは，当然よく見られる。アメリカのある地区で3万人を調べたところ，女性の93％，男性の82％が自分の見かけを気にしており，

そのためにそれを改善しようとしている。つまり自分の顔や身体が醜いと考え，それをより良くしようという努力をしていると報告されている[3]。

このように，身体醜形恐怖は文化的な影響を大きく受けるものであり，例えば欧米では鼻を低くしたいと希望する人がかなりいるらしいが，日本では鼻を高くしたいと希望する人がほとんどである。これはまさに人種的ならびに文化的な違いということができる。

身体醜形恐怖の疫学というものは，十分に調べられてはいない。米国のデータでは，病院では5～40％の身体醜形恐怖が見られるとし，かつまた形成外科，美容外科や皮膚科では，醜形恐怖は6～15％見られると報告されている[1]。

身体醜形恐怖は多くは思春期に発症するが，時には学童期に生ずることもある。身体醜形恐怖が診断される時点では，すでに相当時間が経っていることが多い。どうしても外に出られない，仕事ができない，というような外的な苦痛が伴うようになって初めて精神科を訪れ，その時になって初めて身体醜形恐怖と診断されている。

このような身体醜形恐怖の人の多くが美容整形を望む。筆者のデータでは約80％前後の人たちが美容整形を強く望んでいる。しかし，実際に受ける人は10％前後と筆者は推定している。一方で，多くの患者は手術に関しては正直に答えないことが多いので，推定に過ぎないことが多いものである。

誰が見ても普通の顔をしているのに，本人は醜いとして美容形成を受けることで，かえって自分の顔を醜くしてしまうという事態にぶつかるのである。あまりそのことに頓着しない美容外科医は，手術を本人が希望するのだからする，ということが多い。しかし「まず精神科の先生に会ってみて，それでよいというならばしましょう」とするのが良心的なあり方だと思う。

また，美容外科医がこの身体醜形恐怖を診断できれば手術の危険を避けることができる。さらに，もっと実際的なデータを提示できるのであるが，美容外科医は意外に身体醜形恐怖という診断名を知らないことが多いものと思われ，十分なデータは集まっていない。

精神医学とメイクアップセラピー

ここでは，身体醜形恐怖およびそのほかの精神医学とメイクセラピーのかかわりについて述べる。

1 身体醜形恐怖とメイクセラピー

身体醜形恐怖は当然メイクセラピーの対象になる。特に若い人に身体醜形恐怖は多い。自分の顔や体のことを一番気にしている年代である。彼らにとってほんのわずかな顔の部分でも，自分の思うように変えて

もらうことを切実に願っているものである。

身体醜形恐怖の人は，すでに述べたように恐怖症型，強迫観念型，妄想型と3つに分けられる。特に恐怖症型と強迫性障害型では，メイクセラピーによってうつ気分が晴れ，堂々と外を歩けるようになった例はたびたび経験した。

ある女性は目と鼻の間に黒いくま（隈）ができるとして来院したものであった。そのために顔が醜いとして外出できなかった。しかし，黒いくまはまったく認められず，筆者は彼女に「それは身体醜形恐怖症である。だから病気であり，それを治さねばならない。特にあなたの場合は強迫観念に近い」というふうに説明した。彼女は病気ではないと主張したが，今までの多くの人の例や歴史的な由来，診断基準などを説明することによって，ようやく"病的なのかな"と認識するに至った。これはある意味で，病気というラベルを貼ることによって，病気を治すという意識を高めるという，認知行動療法的な考え方である。

この場合，筆者はある程度楽になるところまで治療を進めることができたが，後にメイクセラピーを行ったところ，頬の部分が滑らかになり，顔全体がややすっきりとし，特に頬の盛り上がりは軽くなった。そのことで彼女は自分の顔に少しずつ自信をもてるようになり，今や恋人を見つけ自由に外出できるレベルになり，また仕事もできるようになった。それまでの彼女はひきこもるだけだったのである。

また，別の22歳の女性は「自分の目はキツネ目で，両目が下の方向に向いている」という醜形恐怖をもっていた。そのため家にいるばかりで，たまにパソコンを触るだけの生活であった。筆者の外来に来た時にメイクセラピーを紹介し，まもなく彼女は施術を受けに行ったのである。それからしばらくして，パソコンのゲームソフトを作る会社に就職し，グラフィックデザインを中心としたソフト作りに集中することができた。また，その力量が高く買われ，その会社にずっといて欲しいと社長に頼まれるほどになった。

彼女は「メイクセラピーは，自分にはあまり意味はなかった」と当時語っていたが，それをきっかけに会社に勤めることができ，自分の実力を磨き発揮できたということは，少なからずメイクセラピーの意味があったと思われる。この場合，メイクセラピーがどの程度まで効果があったのかわからないが，少なくともメイクセラピーを受けることによって，立ち上がるきっかけをつかんだことは確かである。その意味で，メイクセラピーのメイクというより，メイクに伴う心理療法やスキンシップが大きな意味をもったものと思われる。しかし，これも大きく言えばメイクセラピーの効果だと言ってよい。少なくともこのメイクセラピーをきっかけに，彼女は外で堂々と働くことができ，恋人も作り，そして海外に遊びに行く計画も立てるようになるなど，普通の人以上の適応力を得たのである。

この2例を見ても，すでに述べたようにメイクセラピーというものが，メイクそのものと，メイクをしながら語りかけ勇気づけていくサイコセラピー，つまり心理療法と，実際に顔に触るというスキンシップの要素，この3つの要素をもっていることがうなずける。どれが一番効果的であったかは，みなそれぞれの働きをしているので一概には言えないが，メイクそのものが中心となるのは当然であるが，副次的な効果も当然評価しなければならない。

2 中高年～老年期のメイクセラピー

　一番効果があると思われるのは，老人ホームで行われるそれで，メイクセラピーを行うと，老婦人たちがみな生き生きするということである。これはどんな人にも効果が顕著に現れるものである。特に老人性の軽いうつ病などは，メイクセラピーで大きな効果が得られる。

　まず第1に，もちろんメイクそのものによって自分が美しくなる，若返るということが一番大きな効果であるが，老人の皮膚に，メイクアップセラピストが直接手で接してくれることも，ある意味でスキンシップとしての効果があると考える。そしてまた，メイクアップセラピストがこのような老婦人たちに話しかけることも，彼女たちにとっては大きなサイコセラピーである。

　次いで効果があるのは，更年期障害にさしかかった中年期の婦人である。老いていくことへの恐怖をもっていたり，さらに軽いうつ病が伴っていたり，自律神経症状が伴っている場合には，メイクセラピーが有効であったことを筆者は確かめている。

　ある更年期の女性が，かづきれいこ氏のメイクセラピーのセッションに参加した。うつ向いた地味な女性であったが，メイクセラピーを受けているうちに，一挙に若い子どものような笑顔を浮かべて喜んでいたことが印象的である。参加者の前でも堂々とその喜びを語っていた。このような更年期前後の女性の軽いうつ病，あるいは更年期障害（自律神経の症状）には効果があることが確かめられた。また，老いたという考えにとりつかれているうつ気分の人にも大きな効果を及ぼすものであった。

3 傷などがある場合のメイクセラピー

　熱傷や交通事故後の顔の傷や外見がメイクによって少しでも改善すると，彼らの気持ちは明るくなり，社会への適応力が増すことが確かめられている。熱傷や交通事故後，顔に外傷をもっている人は，多かれ少なかれうつ病や対人恐怖をもっているからである。彼らの中には，メイクによって傷がほとんど目立たなくなった人たちもいる。そのような人たちこそ，まさにメイクセラピーによって救われている人たちである。

おわりに

　メイクセラピーは，筆者流にそのセラピーの中身を整理するならば，メイクそのものの効果と，メイクしながら語りかける心理療法，さらにセラピストが直接顔に触れるというスキンシップが主な作用を及ぼすセラピーであると考える。

　最初に筆者が身体醜形恐怖の患者の治療に困り果てていた時，その外来にたまたま来ていたメイクアップセラピストのかづきれいこ氏から「私がメイクアップをやってみましょう」と提案を受け，身体醜形恐怖のメイクセラピーが始まったのである。その身体醜形恐怖の患者は強迫観念型ではあったが，大きな成果を収めた。それ以後，身体醜形恐怖の患者をかづきれいこ氏に紹介する機会が多くなった。

　他方，氏のメイクセラピーのセッションにたびたび参加することによって，若さを失うことに怯えている中年期の女性，特に更年期障害をもっていたり，うつ気分が見られる人に対するメイクセラピーの効果を目の当たりにしてきた。また，かづき氏の話を聞くと，老人ホームの女性たちにも大きな効果を与えるという。それは以上述べてきたことを考えれば，当然予想されることである。

　また，顔の外傷をもつ人にもメイクによる作用のみならず，それを通じて劣等感，対人恐怖，うつ気分を改善することを筆者も観察している。

　このようにメイクセラピーは身体醜形恐怖のみならず，広く女性の気分障害や自律神経症状を改善する力があり，今後いっそう精神障害の人，特に女性に朗報をもたらすことが期待される。問題は，今後同じような症状をもつ男性にメイクセラピーはどう働きかけることができるかということであろう。

【文　献】

1) American Psychiatric Association：Diagnostic and Statistical Manual of Mental Disorders (Fouth Edition), Text Revision, American Psychiatric Association, Washington DC, 2000
2) 町沢静夫：醜形恐怖．マガジンハウス，東京，1997
3) Sadock BJ, Sadock VA：Comprehensive Textbook of Psychiatry, vol 1. Lippincott Williams & Wilkins, Philadelphia, 2000
4) Phillips KA：The Broken Mirror. Oxford University Press, New York, 1996
5) 中根充文，岡崎祐士：ICD-10「精神・行動の障害」マニュアル．医学書院，東京，1994

7 現代におけるメイクアップセラピーの意義
美容外科から

青木 律

美容外科と患者心理

　美容外科とは主に外科的手技を用いて身体の外貌をより美しくする診療科である。形成外科が病的形態を正しい形態にするのに対して，美容外科は正常な形態を扱うという違いがある。正常な形態にメスを入れるということであるから，よりいっそうの技術とモラルが求められることは当然である。そのため技術的にはまず形成外科の基礎的なトレーニングを終了したものだけが美容外科を行うことが望ましいと考えられるが，実際に美容外科を行っているのは必ずしも形成外科の修養を積んでいない医師である場合が多い。

　しかし，美容を求める患者の心理は，病的形態を有する形成外科患者と同じであり，心と外貌を切り離して，単に外貌の変化だけを考えて治療を行うと取り返しのつかないことになる。しかも一般的に外科的な治療はその効果が大きいだけに望まれない外貌になった時の心理的損害が大きく，また元の状態に戻すことが困難である。

メイクアップセラピーの有用性

　メイクアップはこの点「元に戻る（リバーシブル）」という点で有用である。すなわち美容外科手術でどのような外貌が得られるのかをメイクアップの手段でシミュレートすることが可能である。このようなシミュレーションはリバーシブルであるから希望していた外貌が実はあまり自分に似合わないというようなことがわかっても元に戻すことや，試行錯誤をしながら自分の理想の形を見つけ出すことも可能である。例えば二重の幅や形など，手術前にテーピングなどでシミュレーションをすることができる。

　また，精神科的な領域ではあるが，自らの外貌に問題があると信じ込んでしまう病態（身体醜形障害）がある。この病態は一個の疾患ではなく背景にはうつ病や強迫性障害，統合失調症が絡んでいると言われて

いる。これらの患者の訴える外貌上の問題点は，認知の問題であるので外科的にそれを正すことはできない。しかし，それを無視して手術を強行してしまうと，いつまでたっても自分の理想の外貌を求め手術を受け続けるような状態（ポリサージャリー）に陥ってしまう。これも美容外科が手術というリバーシブルでない手法を用いているからである。

　このような状態にはまず，メイクアップを勧めて，その問題点が本当に外貌上の問題なのか，認知の問題なのかを患者と施術者が理解することが大切である（ごくまれに本当に外貌上のわずかな変化が問題であり，それを治すことによって精神的に安定することがある）。しかしこのためには患者とのコミュニケーションが成立することが第1条件であるが，メイクという手法を通じてそれを確立できる場合が多い。

　一般的に美容外科とメイクアップというと両者は択一的で対立的な存在と考えられがちであるが（平たく言うと商売敵），実はこの両者は非常に親和性が高く，相補的立場であり，両者を理解すると相乗的効果が得られるのである。

8 現代におけるメイクアップセラピーの意義
矯正歯科から

寺田員人

矯正歯科治療とメイクアップセラピー

1 矯正歯科治療とは

不正咬合（かみ合わせの異常）がもたらす障害には顎口腔領域で営まれる摂食，咀嚼，発音などの顎口腔機能の障害，ならびに審美性が損なわれることによる社会生活における不都合や心理的障害などがある。矯正歯科治療は，このような障害を予防・抑制・回復することにより，患者の健康および quality of life（QOL）の向上に資することを目的として行われている。

歯ならびと顔面（特に口元の形）は密接に関係している。よって，矯正歯科治療は，歯ならびやかみ合わせを改善するだけでなく，顔の調和も考慮して治療を行っている。

2 歯科矯正治療と年齢

歯科矯正治療の適応年齢は，成長期の子どもという印象が強い。それは，顎骨の成長を利用して行う治療の場合であり，成人における矯正歯科治療の需要が増え，患者の年齢，状態に応じて治療を行っている。

30代前半の女性の矯正歯科治療による変化を示す（図1）。治療前，上顎前歯が突出し，それに伴い上下口唇も突出した口元となっている。上下顎左右側第一小臼歯を抜去して矯正歯科治療を行った。

矯正歯科治療では，治療前後のセファログラム（頭部X線規格写真）トレースの重ね合わせを行い，治療の評価をしている（図2）。治療後，上顎前歯が後退し，上下口唇の突出も改善したことが客観的に示されている。矯正歯科治療前，上下口唇を閉鎖する時に口唇が引き伸ばされて薄くなっていた。矯正歯科治療後，上下顎前歯が後退したことで上下口唇が引き伸ばされることなく口唇を閉鎖できるようになったことで上下口唇の緊張がとれた（図2の上唇（＊）が厚くなったことと下唇の赤唇の下

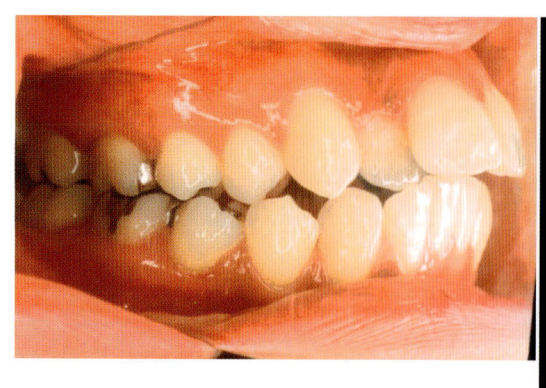

治療前

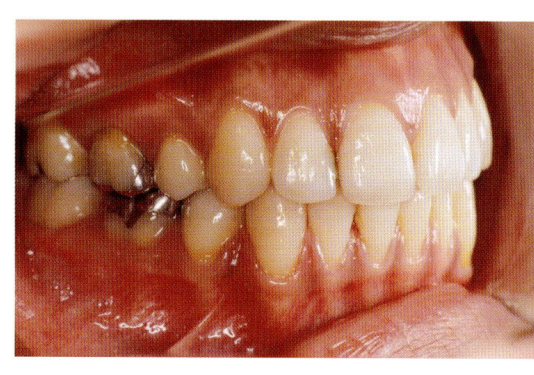

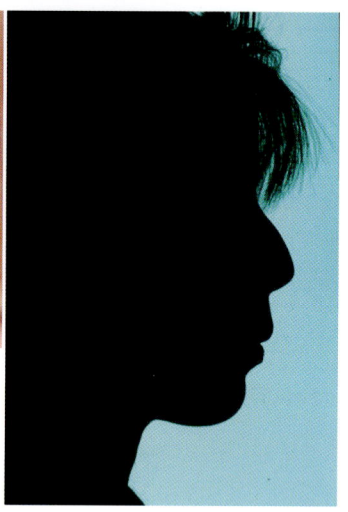

治療後

図1　矯正歯科治療前後の口腔内写真とシルエット写真

方が窪んだ）。

3　メイクアップセラピーとの連携

　子どもや成人を問わず上下顎前歯の突出により，口唇が緊張している場合が多い。矯正歯科治療により，突出した上下口唇が後退し緊張の取れた状態となる。成人では，矯正歯科治療で前歯を後退させて口唇の緊張を取ることでしわが出ることがある。子どもではまずない。口唇の状態としては良い状態とはなるが，しわという二次的な症状が出る。そのような場合，メイクアップセラピーが有効であると考える。

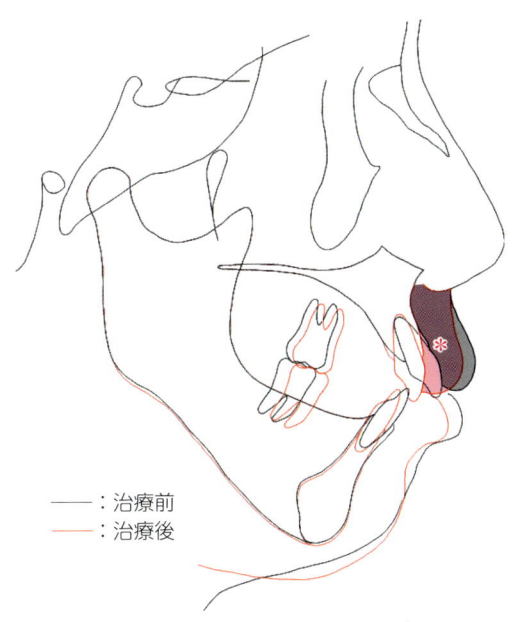

図2 矯正歯科治療前後のセファログラムトレースの重ね合わせ

―：治療前
―：治療後

口唇裂・口蓋裂の治療におけるメイクアップセラピー

口唇裂・口蓋裂を有する患者の診療は，その出生直後から患児の哺乳障害の改善に始まり，その一方では母親，家族に対する精神的支援を含めて，治療体系を組み立て，最終的には成人における健常咬合の獲得と顔面形態の改善まで，長期にわたる専門性を活かした質の高い治療，およびそれらの治療を総合一貫するチームアプローチが不可欠である。

本疾患は，口唇形成術後の瘢痕が目立つことがあり，メイクアップセラピーが必要な疾患である[1,2]。瘢痕を含め口唇の形状は，矯正歯科治療，顎裂部骨移植，成長など周囲の変化に影響されて変化する。そのため，瘢痕に手を加えるまで長期に待たなければならないことが多い。一方，母親は子に深い責任感をもっている[3]。

メイクアップセラピーの役割は，
① 本人のQOLの向上
② 母親の安心
が考えられる。

本人のQOLの向上では，気になる瘢痕を隠す消極的なメイクアップではなく，目，眉，あるいは赤唇部などの魅力を引き出し，見る側の視線を変えることで，心の高揚が生じQOLの向上に強く結びつくことが大切であることを感じている（図3）。従来の医療である元に戻す回復の治療から，長所を作るという形成外科，矯正歯科治療に共通する部分があると考える。

メイクアップとして行う対象時期は，思春期の近くからであろう。しかし，小学生の低中学年でのメイクアップセラピーを希望される方がいる。それは，本人の希望というより母親の希望が強い場合である。先天的な外表の異常は，母親がその改善を長く待ち望んでいることである[3]。その場合，短時間で隠すことが主眼となるであろう。それによって母親は，長年もっている大きな負担が軽減されるようである。そして，医療側からの利点として，母親が以後の治療を前向きに捉えることができ，積極的協力者となることが挙げられる。

以上，矯正歯科医の立場で述べさせていただいた。メイクアップセラピーを受ける人が何を望み，そのためには何を行う必要

メイク前

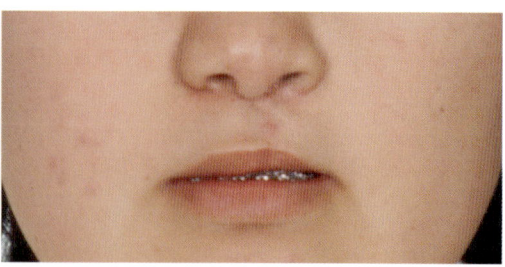

メイク後

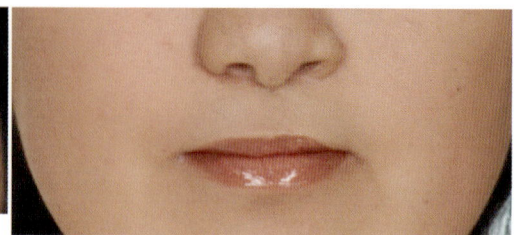

図3 メイクアップ前後の目元と口元の変化

があるのかを考えて行うことで，医療関係者と密な連携ができ，QOLの向上に寄与すると考える。

【文　献】

1) かづきれいこ，寺田員人，朝日藤寿一ほか：リハビリメイクの精神心理学的アプローチについて．日口蓋誌 30：219，2005
2) 平井佳子，狩野佳子，野上美由紀ほか：前橋赤十字病院の口唇口蓋裂センターにおけるメディカルメイクの有用性．日口蓋誌 40：141，2015
3) 吉田留巳，佐山光子，朝日藤寿一ほか：口唇裂・口蓋裂児のⅠ期矯正歯科治療終了時期における母親の心情とその構造．日口蓋誌 36：158-165，2011

9 審美歯科とリハビリメイク

田上順次

審美歯科のめざすもの

　審美歯科は歯科の専門領域として認知されているが，その定義については必ずしも明確でないところもある。日本歯科医学会の認定分科会である日本歯科審美学会は，歯科審美学を「歯科審美学とは，顎口腔系における形態美・色彩美・機能美の調和を図り，人々の幸福に貢献する歯科医療のための教育および学習に関する学問体系である」と定義している。すなわち"食べる"，"話す"という機能は生命の維持と活力のもととなり，社会生活を充実させるもので，楽しい人生を送るための必須のものである。しかし，機能が回復・維持できたとしても，歯，顎，口（ここでは口腔とする）に関する審美的満足感が得られなければ，心身ともに健康を取り戻したという実感を得ることはできない。したがって，歯科治療はすべてが審美的な結果につながるべきものであり，口腔の機能の回復，形態の改善は，明るい表情や活力ある生活につながるものである。外観上の口腔を構成するものは，歯，唇，上下の顎骨，顔面筋（口周囲の筋肉群）およびその皮膚であり，これらが調和して健康的な口腔を形づくっている（図）。

審美歯科の内容

　審美歯科に関連する歯科治療は，口腔外科的な処置としての唇顎口蓋裂や顎骨の発育異常の形態改善，外傷や腫瘍の治療後の顔面，顎骨の形態回復および改善と，こうした治療の結果，顎や顔面形態の一部が欠損したり変形することがあり，それをシリコンなどで製作した人工物で補う治療としての顎顔面補綴という専門領域がある。
　一般的な歯科治療や歯科矯正による治療としての審美歯科には，歯の形・色の回復や改善，歯並びの改善のほか，歯肉の形態異常を修正する歯周病学的な処置も含まれる。一般的な歯科審美に関連した処置としては，ホワイトニング治療による歯の色の

改善，コンポジットレジンやセラミックによる歯の色や形態の改善，歯科矯正治療による歯並びの改善などがある。近年，高齢社会でできるだけ長期間自分の歯を長く使用できるよう，可及的に歯を削らない治療法も普及している。歯の消失に際しては，インプラント，ブリッジ，義歯などにより歯の機能と形態を回復させる。これにより頬部や口の周辺の膨らみも回復することができる。

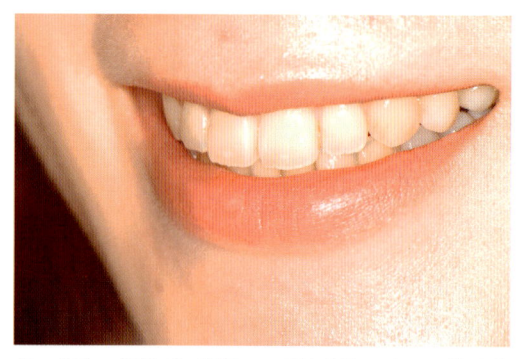

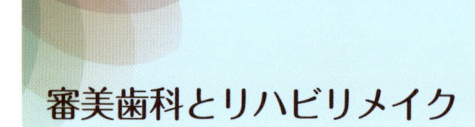

歯，歯肉，歯並び，顎骨，口唇の調和により，健康的できれいな口元となる

審美歯科とリハビリメイク

　口腔外科的な治療により外傷や腫瘍などが治癒しても，外観上の問題が残ることがある。患者の社会生活への復帰を考えれば，外観上の回復までを含めた対策が望まれる。映画などでも特殊メイクとしてさまざまな技術が開発されているが，治療後は患者が日常的に容易に行えるリハビリメイクは有効な手段である。顎顔面補綴物の材料や技術も高度化し，人工物による極めて自然な外観の回復が可能になってきている。こうした顎顔面補綴物の製作時からリハビリメイクの併用を考慮した素材選択やデザインができれば，患者満足度のより高い結果につながる。

　一般的な審美歯科治療は，機能的な問題よりも歯の色や形に対する患者の不満により行われることが多い。保険適用外の高額な治療も多いので，患者の期待や要望も高くなる傾向がある。そのため歯の形や色が改善されて歯科的な治療が完了しても，患者自身の満足が得られず，トラブルの原因になることもある。歯科的には非常に優れた治療であっても，患者の満足度と一致しないことは歯科臨床では起こり得ることである。歯をより白くきれいに見せるためのメイクのほか，患者の理解を深めることや，笑顔のトレーニングも審美歯科治療の効果を上げるために有効である。

　リハビリメイクは隠すことに主眼を置くのではなく，メイクアップを通して最終的に患者が自分の外観を受容し，社会に復帰することを目標としている[1]。審美歯科治療もそれぞれに個人差のある歯や口に関する外観を受容し，明るい表情と活力ある生活を送ることを目指すものである。リハビリメイクの知識と技術だけでなく，その理念も審美歯科に取り入れることは，患者満足度を大いに高めることになる。

【文　献】
1) 医療スタッフのためのリハビリメイク．p39，克誠堂出版，東京，2003

第 II 章

リハビリメイク®の考えかた

1 定義

かづきれいこ

はじめに

　瘢痕・あざなどをメイクアップによって被覆し，また化粧の心理効果を利用して患者の精神的ケアを行うカモフラージュメイクは，1970年代にイギリス赤十字病院などで取り入れられた。欧米においては，医療の一環として専門の機関をもつ病院も増えている[1]〜[4]。

　このカモフラージュメイクの考え方を元に，さらに発展させたのが筆者が提案・実践する「リハビリメイク」である。日本人は「恥」の文化が根強く，他人が見てもわからないほど患部が被覆できたとしても，「隠している」というその意識によって，ネガティブな心理状態に陥りやすい。そのため，従来のカモフラージュメイクが目立たないように隠すことに主眼をおいていたのに対し，筆者は日本人に特徴的な性格や心理面にも考慮し，社会生活を促すことを主眼に独自性を構築してきた。

　筆者は，1995年より，患者の外観の悩みを軽減する手段としてメイクアップに着目し，大学病院形成外科を中心とする医療機関と連携して活動を行ってきた[5]。

　以下，リハビリメイクの特徴やこれまでの実績について述べる。

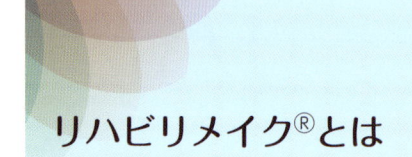

リハビリメイク®とは

　リハビリメイクとは，身体に先天的にまたは後天的に生じた皮膚疾患や外傷などの外観の問題に対しメイクを行い，社会復帰を促す方法で，1995年に筆者が提唱した。この名称は，身体機能に損傷を負った人が社会に戻る前にリハビリテーションを行うのと同様，外観に損傷を負った人が社会に踏み出すために習得する技術という意味を込めて名付けた。

　従来のカモフラージュメイクは患部を隠すことを目標としており，患部のみの被覆を行う。ここで使用される商材は専用の化粧品で，被覆力を重視しているため，肌に塗布すると厚く見える傾向がある。

　一方，リハビリメイクは，「隠す」ことに主眼を置くのではなく，患者自身が患部を受容し，社会復帰することを最終的な目

表1 カモフラージュメイクとリハビリメイク®の違い

	カモフラージュメイク	リハビリメイク®
原点	1970年頃,欧米諸国に広がる	1995年,かづきれいこが提唱
目標	患部を隠すこと (カモフラージュすること)	患部の受容 患者の社会復帰
メイク部位	患部のみ	患部だけでなく,顔全体 患部が体の場合,顔も対象とする
使用商材	カモフラージュ用化粧品	一般的な化粧品
メイクに要する時間	長時間	短時間(約15分)
メイク後の状態	厚塗り	薄塗り

表2 リハビリメイク®の適応

専門領域	疾患名
形成外科	瘢痕(熱傷後瘢痕,外傷後瘢痕,術後瘢痕など),血管腫・母斑(単純性血管腫,太田母斑など),母斑症(プリングル病,レックリングハウゼン病など),口唇裂,口蓋裂,陳旧性顔面神経麻痺,眼瞼下垂
皮膚科	アトピー性皮膚炎,痤瘡,膠原病による皮膚症状,母斑,白斑,色素性病変,魚鱗癬
美容外科	痤瘡,痤瘡痕,色素性病変,アンチエイジング全般(たるみ,しわ,しみ,毛穴の開き),下顎角の張り,美容治療後のダウンタイム軽減(ケミカルピーリング,レーザー)
内科	膠原病,腎不全(透析)によるさまざまな皮膚症状,ステロイド治療による副作用
婦人科	更年期障害,癌治療に伴う副作用(脱毛,くすみ)
眼科	眼瞼下垂,眼瞼痙攣,眼瞼内反
歯科・口腔外科・頭頸部外科	口唇裂,口蓋裂,口腔癌,審美歯科,下顎前突,顔の変形,頭頸部手術後瘢痕
精神科	双極性障害,神経症,更年期障害,摂食障害,身体醜形障害,自傷行為,ドメスティックバイオレンス,手術後ストレス障害(post-surgical stress disorder:PSSD)

標としている。主観的な美と客観的な美は異なり,どんなに健康的できれいな印象であっても,患者本人が納得をしていないと主観的な満足度は低く,患部の受容は難しいため,リハビリメイクでは主観的な美に注力する(表1)。

　リハビリメイクは患部のみでなく,顔全体にメイクを行う。また,患部が体幹や四肢の場合においても顔のメイクを同時に行うこともある。患者それぞれの個性に合わせ,チャームポイントを引き出すように仕上げると,患部に捉われなくなり,患部の受容に繋がる[6]。これは,患部のみを被覆すると患者の意識は患部に集中し「隠すべきもの」「他人に見られてはならないもの」との認識が強くなるが,顔全体をメイクすると,チャームポイントに視線が移り,患部に捉われなくなるからである。また,使

用商材は特別なものでなく一般で用いる化粧品を使用することで，「自分は他者とは違い特別なものを使用しなければならない」というネガティブな感情の払拭を目指した。メイク後の仕上がりは，被覆していることへの後ろめたさを感じないよう，薄づきで自然に見えること，かつ短時間で簡単に施術できる[6]ことが求められる。

リハビリメイク®の適応

適応する症例は多岐にわたる（表2）。形成外科[5〜8]（手術や外傷，熱傷後の瘢痕，血管腫など），皮膚科[9]（アトピー性皮膚炎，尋常性痤瘡，白斑など），内科[10]（ステロイド治療の副作用による皮膚症状など）など，多くは皮膚の色調や凹凸に関する外観の悩みが対象となる。最近では，眼科[14]（眼瞼下垂，眼瞼痙攣，眼瞼内反症）領域において，審美的な効果のみならず機能的な効果も期待されている。

また，客観的に見て外観に問題がなくても，双極性障害や身体醜形障害[11]などの精神科[12]や美容医療後の悩みをもつ患者[13]は対象となる。これらの患者は目に見える問題が存在しないことや，患者の訴える悩みと実際の悩みが一致しないこともあるため，精神科の医師や臨床心理士と連携して十分にカウンセリングを行い，主訴を明らかにする必要がある。

2 リハビリメイクが求められる背景

かづきれいこ

外観重視の社会的背景

　近年，日本人の外観に対する意識はますます高くなっており，年代・性別を問わず社会全体が「見た目」を重視する傾向がある．写真を撮る機会が増え，その写真は他人に評価されることから，要求する美のレベルが高くなっているのかもしれない．

　筆者が主宰するメイクサロンには 20 回，30 回と美容整形手術を繰り返す男女が数多く訪れる．客観的に見て外観に何も問題がなくても，患者自身は自分の顔が醜いと思い込み，何度手術しても納得をしない．鏡で自分の顔をしっかりと見ることができなかったり，見ても自分の顔として認識できない患者もいる．引きこもりなどで日常生活に支障を来たす患者も少なくない．この症状は身体醜形障害[15]と診断され，患者数は増加していると実感する．

　また筆者は，顔が赤くなってむくむ，いわゆる「ムーンフェイス」と呼ばれる副作用を嫌ってステロイド系の薬の服用を拒否する女性患者も増えたとも感じている．「病気が悪化してもいいから，きれいな顔でいたい」という願いは，患者にとっての真の QOL が「病気を治療して健康になること」よりも「見た目」に大きな影響を受けていることを示している．

　外観は QOL の 1 つの要素である．以前は，QOL 向上の一要素としての外観は軽視されてきた面があるが，現代人にとって心身ともに健康に暮らすために，外観はもはや欠くことのできない要素となっている．

Cure（治療）から Care（社会復帰のための支援）へ

　医療は日々発展しており，従来は治療が困難で死に至ることが多かった疾患も，治療ができる時代になった．治療中は副作用に伴い外観が変化することも多い．例えば，抗癌剤治療中のしみや色素沈着に悩む患者などがいるが，どの疾患においても必ずみられる悩みは不健康な印象だ．患者は不健康で辛そうな印象によって，周囲で支

える人たちに過度な心配を与えることを嫌がる。一方で，長期治療を必要とする疾患をもつ患者は，病気および変化した外観とともに生きていかなければならない。また，事故による外傷や熱傷を受傷しても命が助かることが増えており，その際，外観が著しく変形してしまうこともある。この状況を目の当たりにした時，「生命が助かったのだからわがままを言ってはいけない」と悲しみを胸にしまう患者もいれば，「このような外観で生きていかなければならないのなら，死を選んだ方がいい」と考える患者もいる。いずれにしても，受傷前と同様に社会で生きていくことは精神的に非常に困難になる。

　このような時，リハビリメイクは非常に有効で，驚くほど自然で健康的な印象に仕上げることが可能だ。外観に副作用による変化や損傷を負った患者が，その後の人生を自分の外観と折り合いをつけて生きていくための技術を知ることができれば，患者は希望をもつようになり，社会復帰につながる。外科的な手術においても，医師は患者に術式や術後の瘢痕について伝えるだけでなく，術後の瘢痕はメイクでカバーできることを伝えると，患者の精神的負担は大きく軽減され，安心して手術に臨むことができる。治療にも積極的になる可能性もある。

　つまり，患者の高い満足度を得るためには，医療分野と美容分野とが連携し，治療（Cure）中や治療後に精神的ケアの1つとしてリハビリメイクという社会復帰のための技術支援（Care）を行うことが重要と考える。

3 方法

かづきれいこ

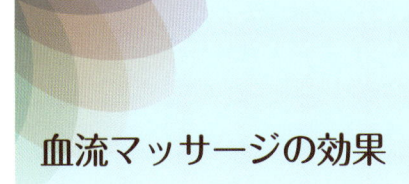

血流マッサージの効果

　メイクを施術する前に，すべての患者に対し顔面のマッサージを行う。筆者はこれを「血流マッサージ」と呼んでいる。

　顔の静脈にはほとんど弁がなく，顔面部の静脈血流の循環は，側頭筋，咬筋，内側・外側翼突筋などの筋肉の収縮・弛緩に左右されるため，血行が悪くなりやすい。特に，術後や何らかの要因で筋を働かせることが不可能になると，静脈の循環が滞り浮腫が生じてしまう。

　一般的な美容マッサージ法は長年下から上の方向に行う方法で親しまれてきたが，実際にはエビデンスや効果が確立されていない。一方で血流マッサージは，解剖学に基づいて血液やリンパ液の流れに沿って行い，静脈血が心臓へと還流するのを助ける効果がある。過去に行った調査では，2週間マッサージを継続すると血流量が増加することも明らかとなっている[16]。浮腫が軽減されるだけでなく，くまやくすみが軽減し，顔色が明るくなり，素顔そのものが若々しい印象になる。患者からは「顔が軽く，動かしやすくなった」「目が開いた気がする」などの感想が得られることが多い。

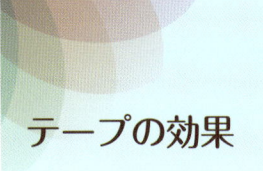

テープの効果

　メイクによる色みの被覆は容易であったが，外傷痕やケロイドなどの凹凸のある肌の被覆は，上に化粧料を塗布しても凹凸や肌理（きめ）がなくなった肌が目立ってしまうことから，限界を感じていた。そこで筆者は，かづき・デザインテープ®（ニチバン社製）を開発した。このテープはフィルム層5μm，粘着層5μm，総厚10μmの極薄テープで，表面にエンボス加工を施して皮膚の肌理を再現しているため，貼っていることがほとんどわからないほど目立たず，テープの上から化粧料を塗布することもできる。長時間貼っていても蒸れないよう透湿性に優れ，皮膚の動きによって伸縮する追従性や紫外線防止効果（UVA

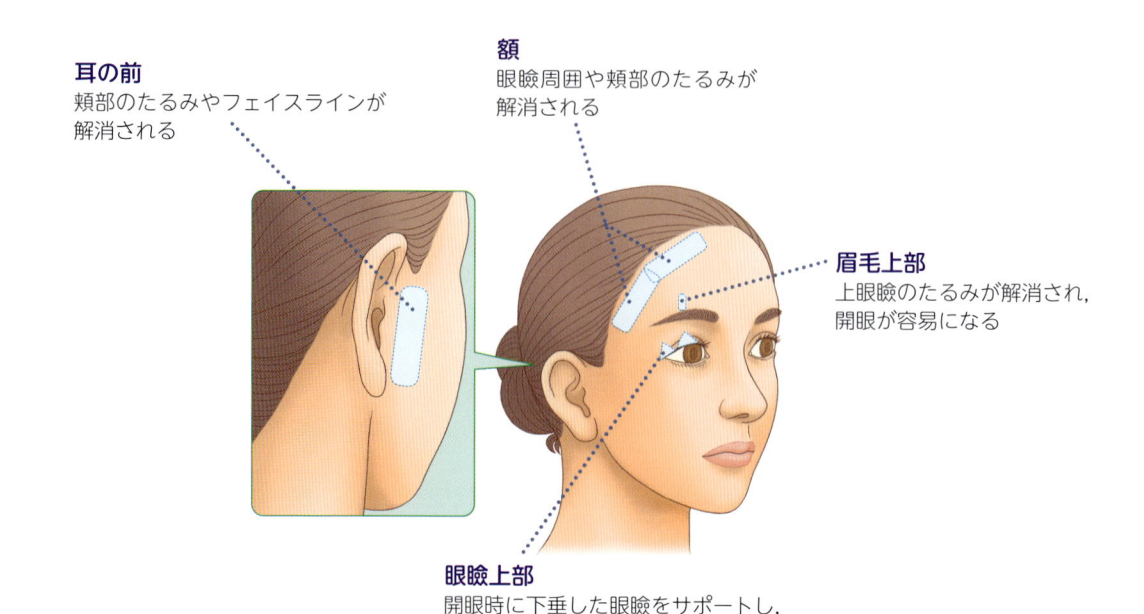

耳の前
頬部のたるみやフェイスラインが解消される

額
眼瞼周囲や頬部のたるみが解消される

眉毛上部
上眼瞼のたるみが解消され、開眼が容易になる

眼瞼上部
開眼時に下垂した眼瞼をサポートし、開眼が容易になる

図1 テープ貼付位置

波，UVB波に対する効果）も有する。このテープを凹凸のある肌上に貼付すると凹凸が目立たなくなり，上からメイクをすると色調のカバーが可能である。

　さらに，テープはただ貼付するだけでなく引き上げるように貼付することで，一時的なリフトアップの効果もある。片側顔面神経麻痺などで左右非対称の外観になった場合は，下垂した患側に皮膚を引き上げるようにテープを貼付すると，健側との左右差が軽減される[17]。また健常者に対しても引き上げるようにテープを貼付することで，加齢により下垂した肌が引き上がり，若々しい印象になる（図1）。肌にはりが出て，その後のメイクも容易になる。ほとんどの患者が加齢による肌の変化に不満を感じているので，満足度を上げるためにこの工程は必須である。

　最近では，眼瞼痙攣や眼瞼下垂などの患者にテープを貼付すると，患者より開眼が容易になるという声が多数得られている。筆者のリハビリメイクの研究において，審美的変化によるQOLの向上で，心理的な回復傾向が得られた調査は多く経験してきたが，本症例のように機能的な回復傾向が示唆されたことは新しい発見であり，今後調査を深めていきたいと考えている。

リハビリメイク®の特徴

1 簡単

　リハビリメイクは一度方法を学べば，誰でも簡単に施術が可能である。また短時間

での施術が必須である。メイク方法が難しく施術に時間がかかると，患者は「自分の外観は普通の人とは違う」と精神的負担を感じたり，毎朝のメイクが時間的負担となったりするためである。

2　崩れない

メイクによって患部がきれいに被覆できたとしても，日常生活において崩れてしまったり，「崩れるのではないか」という不安はQOLを下げる要因となる。リハビリメイクは汗や水でも崩れないことに配慮し，高い満足度の維持に努めている。

3　べたつかない

「べたつく」という感覚は非常に不快な感情で，メイク後に肌がべたついているとメイクそのものが不愉快に感じることもある。メイク後の肌はさらさらで，手で触って気持ちがいい状態に仕上げることが重要である。

4　特別ではない化粧品を用いる

カモフラージュメイク専用の化粧品でなく，一般の化粧品を用いる。ただし，季節ごとに発売される新商品を使用せず通年使用できる化粧品を用い，患者の経済的負担に配慮する。

ヒアリング

リハビリメイクにおいて，メイクは15分程度の短時間で行うことが重要であると前述したが，施術前には必ずヒアリングを行う。ヒアリングを行ううちに，もともとの主訴とはまったく違う悩みを訴え始める患者も少なくない。特に，身体醜形障害様の悩みをもつ患者は美容整形手術を何度も繰り返すことも多く，メイク前後の変化だけでは満足度が上がらない可能性もある。カウンセリングも同時に行い，ネガティブなボディ・イメージを変えるよう促し，根本から変えていく必要がある。

ヒアリングで聞き取るべき項目は以下4点が挙げられる。

①現病歴，既往歴

現病歴，既往歴さらに受傷時期，手術歴などを聞き，リハビリメイクに至った経緯を理解する。受傷が先天性か後天性なのかによって患部の受容度が異なる。

②家族構成，家族の年齢

両親や兄弟姉妹の有無，年齢，また世帯人数などを聞く。リハビリメイクを受ける理由には家族との関係が要因となっていることもある。さらに，家族が協力的かどうか，理解を得られているかどうかにより，メイク後の外観の受容度が変動すると考えられ，家族の影響は非常に大きい。また，患者自身よりも家族が気

質問：自分の外観についてどう思いますか？
今のご気分の場所に線（｜）を引いてください。

非常に不満　　　　　　　　　　　　　　　　　　　　　　　　　　　非常に満足
0mm　　　　　　　　　　　　　　　　　　　　　　　　　　　　　　100mm

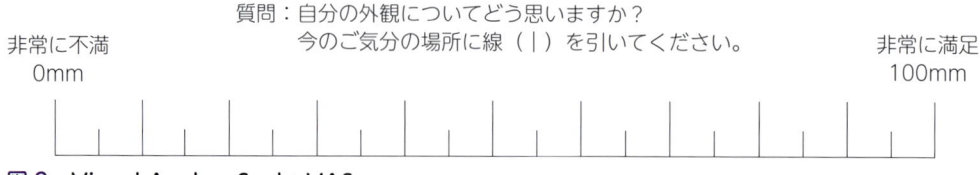

図2 Visual Analog Scal：VAS

にしていることもあり，その場合は本人のみならず，家族の精神的ケアも行う。

③仕事の種類

　仕事の勤務形態や，外勤・内勤のどちらか，どのような業種・職種かなどによって，最終的に求めるメイクの仕上がりが変わる。外勤であれば動いても汗などで崩れないこと，人前に出る仕事であればよい対人関係を築くために健康的で華やかさを求める，など最終目標を知る1つの要素となる。

④服装や外観の嗜好

　好みの色や外観イメージを取り入れて仕上げるとQOL向上につながる。このため，当日の服装，言動からも察する必要がある。

評価方法について

　リハビリメイクによって患者が自身の外観に対してどのように感じているかを評価するため，visual analogue scale（以下VAS，図2），WHO QOL26を用いて評価を行っている。筆者は2005年より調査を始め，2015年12月末時点で症例数は3,847に及ぶ。実際にデータを集計するとメイクの効果が有意に表れており，このデータを元に学会発表や論文発表を行っている。

① VAS

　施術前，施術直後，施術より3週間後にVASを用いて評価を行っている（3週間後のみ郵送にて調査）。自身の外観に対する満足度について，0mmを「外観に非常に不満」，100mmを「外観に非常に満足」として，その時点での満足度がどこに位置するのかをプロットさせ，評価する。VAS値は患者本人の主観である満足度を数値化，視覚化できるため，非常に有効な方法と考えている。

② WHO QOL 26[18]

　全般的な生活の質（QOL）を測定する評価尺度で，健常者および疾患を有する患者の両者に用いることが可能である。施術前，施術より3週間後（3週間後のみ郵送にて調査）に評価を行う。26項目の質問からなり，「身体的領域」「心理的領域」「社会的領域」「環境」の4領域と「全体」に分類して採点を行う。どの領域で改善傾向がみられたか検討すると，リハビリメイクの効果が詳細に分析できる。

4 代表的事例

かづきれいこ

1 単純性血管腫に対するリハビリメイク[5]

　赤みの強い血管腫部は黄色いファンデーションを使用することによってかなり被覆することができた。男性の場合，顔全体にファンデーションを塗布するのは抵抗があるかもしれないが，患部のみ塗布するとかえって違和感があるので，左右のバランスを見ながら全体に塗布していくことが必要である。口唇の一部と血管腫の境界が不明瞭だったため，ファンデーションで輪郭を形成した。患者からは「化粧をしているという違和感がない」との感想を得た。

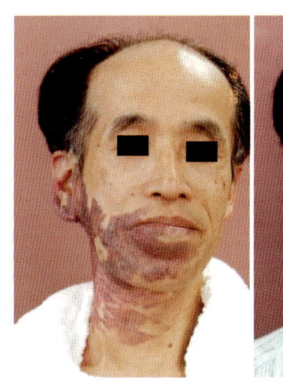

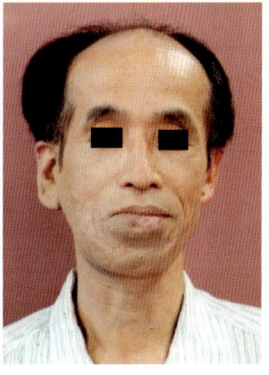

メイク前　　　メイク後
図3　64歳，男性，単純性血管腫

2 膠原病（皮膚筋炎）患者に対するリハビリメイク[10]

　32歳の時に膠原病の皮膚筋炎と診断された。副腎皮質ステロイドの治療終了後も蝶形紅斑が改善せず，特に鼻背部が気になりリハビリメイクを受講した。通常通りファンデーションを塗布した後，鼻背部上に黄みよりのベージュのファンデーションを塗布した。紅斑が目立つ部分のみを被覆すると厚塗りの印象を与える可能性があるので，ファンデーションを少量ずつ肌に塗布し，顔全体のファンデーションと差がないように被覆することが重要である。メイク体験以降現在

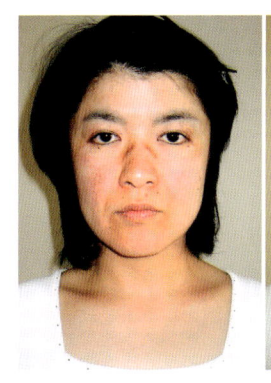

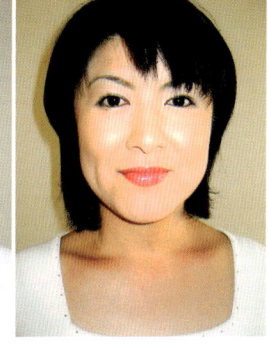

メイク前　　　メイク後
図4　36歳，女性，膠原病（皮膚筋炎）

まで12年にわたり，自身でリハビリメイクを継続しており，満足度の高い症例と言える。

3 口唇口蓋裂，身体醜形障害患者に対するリハビリメイク[11]

「顔の土台が普通じゃない」と思い続け，それが原因で仕事にも就かず，結婚もしなかった。普通の顔を手に入れたいという思いから，20数回修正手術を受けている。

通常と同様に血流マッサージ，ファンデーション塗布後，茶色のアイシャドーを小筆にとり，人中部分に縦に影を入れ，立体感を出した。本患者は口唇口蓋裂の修正術後瘢痕という症例名にとらわれがちだが，アンチエイジングを希望していたようにも考えられる。実際に眉毛を整え，血流マッサージでフェイスラインがすっきりとし，若さを取り戻したことで満足度は高まった。

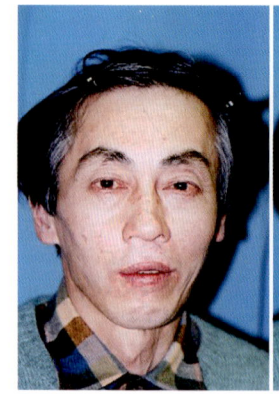

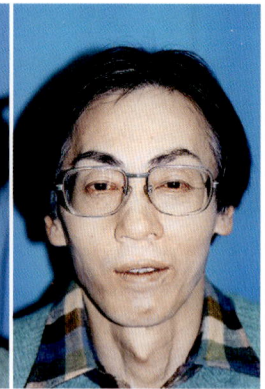

図5　51歳，男性，口唇口蓋裂，身体醜形障害

VASは5（施術前），70（施術後），35（施術3週間後）と推移した。後日郵送にて行った調査では，「気持ちの変化として，被害妄想的な部分が少なくなり，精神的に安定することによって，どんなことに対しても前向き，積極的になった。行動や環境の具体的な変化として，いらいらしたり怒ったりすることが少なくなった。外出することがさほど苦にならなくなり，1対1で向き合って話す際にも心に余裕ができた」と述べている。

4 美容医療後の悩みに対するリハビリメイク[13]

7年前，美容外科にてヒアルロン酸を数回注入し数年後に炎症を生じた。その後，他院にてシリコンプロテーゼ挿入術を受けたが，変形が改善せず除去した。満足する結果を得られなかったため，医師から紹介されてリハビリメイク外来に来訪した。

たるみの改善や色素斑のカバーなど加齢による悩みを改善した後，眉を左右対称に

図6　60歳，女性，美容医療後の悩み

描き，優しい顔つきの印象にした。また，主訴の鼻上には光沢のあるパールのパウダーを1本の線状に塗布し，錯覚効果により鼻柱の歪みを矯正することで，鼻背の凹凸を目立たなく見せた。

VASは50（施術前）から100（施術後）と推移したが，3週間後は返送がなかった。過去の調査でもアンケートの返送率は悪い。これは美容医療後の患者の外観の受容が容易ではないことを示しており，継続的なフォローが必要であると考えている。

5 緩和ケア・ホスピスケアにおけるリハビリメイク[19]

癌患者にとっての医療の目的はさまざまである。最後まで病気と闘う人もいれば，痛みを緩和し残された時間を自分らしく生活したいと考える人もいる。リハビリメイクはどちらの場合でも非常に有効である。リハビリメイクによって，顔色を明るく血色のある顔に見せ，治療により失われた眉毛や睫毛を再現し，健康的な印象に仕上げると，患者のQOLは大きく向上する。患者が鏡で見た時，「元気に見える顔」と感じるか「疲れて病人に見える顔」と感じるかによる心理的な差は計り知れない。病気とともに生きていく患者にとって，自分らしさを取り戻し，日常を生きていくための手段の1つとなり得る。

6 死周期におけるリハビリメイク

筆者は余命数カ月の癌患者の女性に遺影のためのメイクを依頼された経験がある。癌患者の自助グループに所属していたこの患者は仲間の死に際し家族が遺影に使用する写真がなく困惑する姿を見て，自身は生前から納得する遺影を残しておきたいと考えた。

その患者から，死化粧（メモリアルメイク®）の依頼もあった。リハビリメイクは健康的な印象に見せることで患者自身のQOLを高める方法であり，筆者は近親者以外の死化粧をしたことがないと伝えると，彼女は自分の親を元気にするために自身をメイクしてほしいと言った。通常は主観を重要視するリハビリメイクであるが，この場合は外観を客観的に見た家族の悲しみを軽減するためのメイクである。亡くなった方がいつも使用していた口紅やチークなどを用い，昼寝をして今にも起き上がりそうな優しい印象にした。家族や友人のために，遺影の顔や死に顔までも健康的な自分の顔を残すことの重要性を，筆者が学んだ症例であった。

【文献】

1) Downie M:Camouflage therapy. Aust J Derm 25: 89-91, 1984
2) Rayner VL:Assessing camouflage therapy for the disfigured patient;A personal perspective. Dermatology Nurcing 2: 101-104, 1990
3) Rayner V: Clinical Cosmetology. pp194-198, Milady Publishing Co, New York, 1993
4) Rayner VL:Camouflage therapy. Dermatol Clin 13:467-472, 1995
5) かづきれいこ:リハビリメイクと医療. 形成外科 44：1029-1036, 2001
6) かづきれいこ:黒アザに対するリハビリメイク. PEPARS 24:62-67, 2008
7) Aoki R, Kazki R:Color Atlas of Burn Reconstructive Surgery. pp82-88, Springer, Berlin, 2010
8) かづきれいこ:瘢痕・ケロイドはここまで治せる. pp217-230, 克誠堂出版, 東京, 2015
9) 檜垣祐子, 渡邊郁子, かづきれいこ:アトピー性皮膚炎へのメイクアップ. 皮膚科の臨床 56：1862-1867, 2014
10) かづきれいこ:副腎皮質ステロイドの副作用による容姿変化への"リハビリメイク®"の活用. 薬局 66：1831-1836, 2015
11) かづきれいこ, 百束比古:新しいメイクアップセラピー. PEPARS 27:120-127, 2009
12) 渡邊郁子, 檜垣祐子, かづきれいこほか:容姿の問題を抱える女性のQOLとリハビリメイク®の有用性の検討-第1報-. 精神科 18：369-376, 2011
13) かづきれいこ, 百束比古:美容外科治療後のメイクアップ療法の有用性について；満足度調査から. 美容外科 36：107-111, 2014
14) かづきれいこ:整容面の問題をリハビリメイク®で解決する適応と限界. 大鹿哲郎監修 野田実香編集, 眼手術学, pp41-45, 文光堂, 東京, 2013
15) 町沢静夫:醜形恐怖. マガジンハウス, 東京, 1997
16) かづきれいこ, 鷲見康子, 松永佳世子:日常生活でできること；リハビリメイク®によるマッサージ. Visual Dermatology 6：362-363, 2007
17) かづきれいこ, 百束比古:整容脳神経外科 Update きれいなキズアトを目指して. pp161-166, メディカルレビュー社, 東京, 2011
18) 田崎美弥子, 中根允文:WHO/QOL-26手引. pp14-24, 金子書房, 東京, 1997
19) かづきれいこ:がん患者のリハビリメイク. がんの在宅医療. 坪井栄孝監修 田城孝雄編著, pp94-101, 中外医学社, 東京, 2002

第 III 章

リハビリメイク®と
カウンセリング

カウンセリングの視点から みたリハビリメイク
―外観の悩みを乗り越え，自分自身を解放する

佐藤智子

メイクアップセラピーという1つの手段を利用すれば，その共同作業の中でメイクアップセラピストとメイクを受ける人の間に信頼関係が生じて心が解放された状態になり，人々の心が動かされ，1つの有効なセラピーとなり得る。その数々の例を，筆者はこれまで，リハビリメイクの発案者であるかづきれいこ氏の傍で数年にわたって見てきた。

リハビリメイクにおいて，メイクを受ける人に行われている具体的対応やサポートの方法について，カウンセリングという視点から捉えて述べる。

リハビリメイクが求められる背景

リハビリメイクには，外観，特に顔に悩みを抱えた人達が訪れる。原因はさまざまで，たとえば先天性の太田母斑などのいわゆるあざや，熱傷や交通事故など後天性の事故による瘢痕（傷あと），癌の手術による瘢痕や欠損，血管腫などの疾患などが挙げられる。こういった人の多くは，一度は医療機関を訪れて相談や治療を受けている。

一般的には，先天性の疾患をもった人と後天性の事故や疾患による悩みをもった人とでは，疾患を受け入れる過程に違いがあると思われる。先天性疾患の場合，生来そうであるために本人がさほど気にしていない場合もある。しかし，親が子どもの疾患を気にしていたり受け入れられないでいることもある。こうした家族や周囲の反応から本人も疾患を意識するようになり，人間関係に微妙な問題を抱えている場合も少なくない。後者の場合は，自己像の象徴とも言える「顔」を喪失した「対象喪失」の体験[1]となっていることがある。対象喪失は重大なストレス要因となり，喪失を受け入れるまでには一連の心理過程[1]をたどり，落胆や絶望の情緒体験が生じることもある。

原因が先天的であれ後天的であれ，治療が終了した患者は現実に社会復帰するにあたってその顔で社会生活を送るための方法について，真剣に考えざるを得ない。その際，誰に（どこに）相談すればよいのかわ

からない。この問題を積極的に解決しようとしても，「顔じゃないよ，心だよ」といった極めて正論的な言葉に代表されるような外見についての悩みを愚劣とするわが国の風潮が，本人の意欲を妨げる可能性もある。

　一方で，近年，社会における美意識の変化はめざましい。今日，さまざまなメディアを通じて画像情報を受配信しない日はない。また，世界的な高齢化社会において美への追及は多角的になり，アンチエイジングや美容医療といったこれまでごく一部の人にしか求められなかった方法が一般化しつつある。

　このような状況の中，リハビリメイクの参加者には，顔に関する悩みを何とか解決できないか，「生きやすくならないか」という切実な思いで来る人が多い。これまであらゆる方法を試み，半信半疑ながら一縷の望みを託してリハビリメイクに参加している場合もある。そのような参加者に共通しているのは，「問題解決のためには医療機関だけでは不十分らしい」と感じ取っていることである。

対象

　顔や身体に悩みがあり，リハビリメイクに関心があって希望し，申し込んだ人。性別・年齢を問わない（表1）。

リハビリメイクの意義とねらい

　最も重要な点は，リハビリメイクは「隠す」ことに主眼を置くものではないということである。顔の気になる部分から精神的に解放され，硬直した現在の状況から脱却し，最初の一歩を踏み出すきっかけとなること，目指す生き方を見つけたり，さらに人生を充実させるようになることを，最終目標としている。

　メイクアップセラピストにより，下記のような意図をもって行われる。

1) 顔の傷やあざを目立たなくし，安心して社会生活を行うための1つの方法を提示する。また，化粧が崩れないようにする。
2) 本人が訴える問題点だけを見るのではなく，顔全体を捉え，そのチャームポイントを活かすメイクを行う。チャームポイントをいっそう際立たせ，自他ともにそちらに視点が向くようなメイクを提案する。
3) 現在は自分の素顔を受け入れることのできない人も，いずれ自分の素顔を肯定できることを目標とする。
4) 外観に自信を回復すること，人間関係や社会を避けることなく積極的に参加できるよう，動機づけを得る。

　リハビリメイクにより気になる部分がカバーされ，顔全体が整えられていく過程の

表1　リハビリメイクの対象と心理的背景

リハビリメイクを訪れる理由	心理的背景（ストレス）
口唇裂・口蓋裂 皮膚疾患	・先天性のため，さまざまな精神的経験を積み積極的に成長していることが多い（人格形成に外観の受容が影響していることが多い） ・治療におけるストレス ・偏見や差別により生じた社会への不信感 ・医療に対する不信感
事故・交通事故 熱傷	・加害者（他者）に対する怒り ・突然に外観が変化したことに対するショック ・治療のストレス ・以前と異なる人間関係を生じている ・偏見や差別により生じた社会への不信感 ・PTSD（心的外傷後ストレス障害） 　完璧な元の顔を求める一徹さ ・対象喪失の心理
癌（頭頸部癌） 膠原病	・生命にかかわる問題を抱えている ・外観だけでなく，身体面の治療や不安・苦痛もある ・予後や再発の不安 ・死の受容の問題（末期の場合） ・治療のストレス ・薬の副作用 ・対象喪失の心理 ・経済的問題
心の問題 （醜形恐怖）	・客観的には理解しづらいが，本人は大きな精神的苦痛を感じている ・自分自身や生活に不満がある ・自信がもてない ・（いじめなど）トラウマがある場合もある

中で，メイクアップセラピストは参加者の喜びに共感を示す。技術を習得すれば患部が気になる時はいつでもメイクで隠せるということを伝え，参加者には安心感が生まれる。しかし，同時に下記も説明する。

- メイクでカバーすることだけがリハビリメイクの最終目標ではないこと。
- メイクを取れば変わらぬ事実は存在しているものであり，素顔も自身の大切な一部であって肯定してもらいたいこと。今後自分のメイクの技術が上達した結果，素顔の方を否定してしまうならば，リハビリメイクの目指す目標とは逆になってしまう。
- 外観の美しさは充実した精神が伴うからこそ美しく見えること。
- 外観に関する価値観は1つではなくさまざまであること。卑近な例を挙げて示し，参加者の同意を引き出していく。
- メイクの良いところは嫌なら取ればいいこと。また副作用がないこと。

表2　リハビリメイクをグループで行う理由

- 自身の悩みへの視野が狭くなっている場合が多く、視野を広げる
- メイクの変化を主観だけで捉えず、他人の視点が入ることで評価がわかる
- 顔の傷やあざを気にして人の視線を避ける傾向のある人が、まず他の参加者の視線に慣れることで、恐れなくなるための最初の機会を得る
- 顔の傷やあざを集団の中でオープンにすること、悩みを人に話すことで、それまで閉ざしていた感情を発散し、心を開く機会を得る
- 1人1人が集団の中で、さまざまな気づきを経験する
- 醜形恐怖[2]の人が、自分の問題は顔そのものにあるのではないということに気づく機会になる場合もある

方法

　カウンセラーである筆者の視点から捉えた、サロンで行われているリハビリメイクの方法を説明する。

　通常は、グループアプローチ（グループワーク）と、1対1でのメイク指導の2つのスタイルで行う。グループアプローチの場合、1グループ4～5人で、全員が終始いっしょに、一室で行う。

　参加者に、グループアプローチであることの了解を得る。1対1でのメイク指導でないことには、表に示すようなねらいがある（表2）。

1　メイクを始める前

　事前に問診票に住所、氏名、既往歴や家族構成、自分の気になるところを記入しておいてもらう。

　メイクアップセラピストと参加者全員とが向い合うように座って行う。席は強制ではなく随時移動可能である。

　メイクアップセラピストは問診票を見ながら、参加者全員の前で、最初の1人に話しかける。会話の中で顔や身体のどこが気になっているか、いつ、どのように気になるか、今後どうしていきたいか、原因となった出来事、治療の辛さ、現在の心境、なぜリハビリメイクを希望したかなどを聞き出し、相手の心情を引き出していく。参加者が話したいと思う範囲で話してもらい無理強いはしない。1人が終わったら、次の人に移る。

　○働きかけ

　あざや傷の有無にかかわらず、最初の会話時の表情をよく観察する。この時、気になっているという箇所を客観的に捉え、本人に確認する。そのほかに気になっている部位があるかどうかを聞く。それは、メイクアップセラピストが局所のみに捉われず顔全体のバランスを考えているためで、できるかぎり本人の希望や好みに応えることにより、完成時の満足度を高めるためである（なお、客観的に

目立つとは思われない部位を「気になる」と言う人は非常に多い)。

参加者の緊張をほぐすため，実体験や世間一般の話題などをもりこみ，話はあまり堅苦しくならないように行う。また感想を聞くなどして，話に参加してもらうようにする。内容は次第に参加者共有のものとなっていく。その中でリハビリメイクの意義とねらいを説いていく。

○施術の順番のポイント

悩みが重篤と感じられる人は一番最後にすることがある。

2 片顔のメイクを行う

メイクの効果を把握させる目的で，まず顔の左右どちらか片方にメイクを行う。始める際には顔のどちら側が気になっているかを確認し，気になっている側をメイクする。

その方の長所と思われる点を誉め，メイク中は，気になっている部分をカバーするために何をしているか説明する。

ファンデーションを塗布し終わった段階で，肌がべとべとしないことを素肌の方と比較して確認させる。肌の爽快感については納得を得ながら行うようにする。

○働きかけ

メイクをしながら，"自分で覚えるように""続けていると技術が向上する"こと，"いざという時にはこの方法でメイクをすれば，心理的に楽に人前に出られる"こと，"気に入らなければメイクを取れば元に戻ること"を話す。

○その他

カルテを作成し，他の講師でも指導できるように残す。

3 片顔のメイク終了時

顔半分のメイクが終了したら，グループ全員に，何もしていない顔との比較をしてもらい，変化した印象について自由に感想を述べてもらう（客観的評価）。

つぎに，本人に鏡を見てもらいながら，何もしていない顔との比較をしてもらう（主観的評価）。素顔とメイクの顔を半分ずつ隠し，どのような印象に仕上げたかというメイクの意図や，変化を説明する。またメイクの落とし方なども簡単に説明する。気になる部分があるかどうか，本人が納得できたかどうか確認する。

○働きかけ

このメイクは自分が楽になれるための一手段であり，今日はそれを示したに過ぎないこと，次から自分で習得することの重要性を説明する。

また，ここで改めて，メイクを取ったら元の顔に戻ること，そんな自分も受け入れてほしいことを話す。隠すわけでなく，受け入れ，かつ自分の魅力を自覚して欲しいことを説明する。

4 残りの片顔にメイクを行う

残りの片顔は，鏡を見せ細かく説明しながら施術する。すぐに実践できるよう，技

表3 リハビリメイクを行う過程での心理的変化

	手順	心理的変化
1	メイクの作業に入る前に，まず参加者1人1人から話をゆっくり聞く。リハビリメイクを受けることを決めた事情と経緯や思いを話してもらう（本人が話したいと思う範囲で）	・人に話せたことで重荷を下ろす ・泣く（カタルシス効果）[3] ・共感する（本人だけでなく参加者，スタッフなどその場にいる全員） ・共感してもらったと感じる（本人）
2	1人ずつ前に出て，参加者の方に向いてもらい，メイクを受けてもらう（顔半分のみ）	・自分の素顔を人に見せることには誰もが抵抗があるが，あえて見せて「自分を開く」体験をしてもらう
3	メイクされていくのを見る（観察する）。メイクを受ける人とメイクアップセラピストとの対談を聞く	・「自分だけでない」と気づく ・自分を客観的に見ることができる
4	自分が他の人に話しかける。話しかけられる（交流が起こる）	・共感する ・人との交流を楽しいものだと感じる ・自分のことだけでなく，人のことに関心をもち，人を助けたいと感じる
5	参加者全員の顔半分のメイクが終了したところで，メイクアップセラピストが全体に対し，コメントを行う（今日のまとめ）	・1人1人が今回の体験を振り返り，参加したことの意義を感じる ・参加者全体（スタッフや見学者も含む）の意識や無意識が活発になる（1人1人の心の変化に加え，参加者同士の交流により一体感や仲間意識が生じる）
6	残りの顔半分のメイクを行う。各自が同時に1対1のメイクを受ける	・全員の前では話せなかった話ができ，共感しながら受容的に聞いてもらうことでさらに心が解放される
7	（参加者の一部）カウンセラーによるカウンセリング	・6の際にも話しにくい特別な事情について打ち明けることができる（心が解放される。抱えている事情に対して視点を変えるきっかけを得る）
8	メイク前，顔半分のメイク終了後，全体のメイク終了後に写真撮影を行う。自分の顔を客観的に見ることができる	・写真を撮られることに多少抵抗がある人も，自分を開く体験をする（自分を見てもらいたい，注目を浴びたいという欲求が満たされる） ・写真は他の講師がレッスンをする際の指導の参考となる。また，本人の満足度を上げる役割を果たす

術習得を促す。

○働きかけ

全員の前では話せなかった話などを傾聴する。

メイクの手順に沿った心理的変化を記す（表3）。

カウンセラーによるカウンセリングを必要とする場合

本人が希望した場合。

また，グループアプローチに同意が得られなかった場合や，始まってから人前で個人的な話がしにくそうだと判断された場合，またメイク終了後に感情的になった場

合など必要だと判断された場合に，待機したカウンセラーが個別にカウンセリングを行う。

❶グループアプローチに抵抗がある場合

原因となった事故や体験が心的外傷となっていたり，顔の傷やあざに関する複雑な事情から人との交流に抵抗を感じる場合がある。このような時，そのリハビリメイク参加者が望むメイクがどのようなものであるかを聞くため，あるいはその人（以下，クライアントとする）が希望した場合，カウンセリングを行う。

これまで人に話さなかった悩みを初めて人に話す機会を得，結果的に問題を直視することになったケースは多く経験した。心的外傷体験を一緒に話し合うことでカウンセラーはクライアントの感情の発散を促す。また，支持的に接する中で，問題に対する視点を変えるよう勧めたり，場合によっては関係した人と話し合うことを模索する。

❷リハビリメイクだけでは満足感が得られない場合

○醜形恐怖の場合

客観的にメイクの効果を感じても，醜形恐怖のためにメイクを行った顔をも受け入れられないことがある。妄想ともとれるような思い込みが見られる[2]こともあり，カウンセリングが困難となることも多い。このような場合は，クライアントの思いを支持的に接しながら聞き，問題が顔ではなく別にあることに気づくよう促す。

また，メイクを受け入れられなかった人が，カウンセリング後には受け入れられるようになったという，カウンセリングが奏功した例も経験した。このクライアントは生き方や人間関係に対し，否定的な気持ちをもっていた。この時のカウンセリングでは，ともに話し合う中でクライアントの長所と思われる点を探したり，これからどうやったら改善していくかを考えることで少しずつ考え方を変え，希望や自信を取り戻すよう促した。

○疾患などについての悩みが重篤な場合

顔のことでいじめられた経験や重篤な疾患をもっているなど辛い経験がある人にも個別のカウンセリングを行う。その体験を受容的に聞くことで，今まで家族にも話さず抑圧してきた感情の発散を促す。支持的にいろいろな話を聞きながら，自身がもつ悩みを乗り越える力に気づいてもらう。また，外観を乗り越えて生きること自体に大きな意味と価値があることを確認し合う。なお，この時，リハビリメイクを通じて自分と同様の状況の人に出会い，ようやく前向きになれたと語る人も多い。

考察

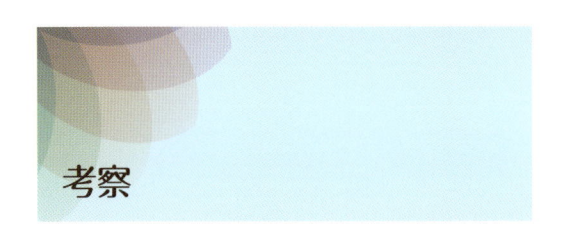

1　リハビリメイクの機能

　リハビリメイクを受けた人は，機能的に次のような実感を得る。本法の実用性（傷やあざを被覆してもべたべたせず，さらっとしていること，厚く塗った感じがしないこと，落ちにくいこと），全体として若返りの効果があること，である。また，一般の人と同じ化粧品を使用することで「自分は特別ではない」と感じることもできる。

　これらの心地よい皮膚感覚，あざや傷のない顔を見る高揚感，いざとなれば「この顔」をつくり人前に出られるという安心感，開放感，希望が生じる。その結果，メイク前の表情よりもずっと生き生きとした，その人らしい個性が感じられる表情となる。

2　心理面への働きかけ

　リハビリメイクはその機能性だけでなく，グループアプローチ，個別アプローチによる"心理面への働きかけ（カウンセリング）"という要素をもつからこそ，大きなメイクアップセラピー効果をもたらすと筆者は考えている。

❶グループアプローチという形態の利点

　リハビリメイクが始まる前は，緊張と不安で下を向いている人がほとんどである。しかし，参加者がマッサージ効果で若く見えるようになったり傷やあざがきれいにカバーされるのを目の当たりにすると，身を乗り出して夢中になって観察するという行動の変化が，ほとんどの人に見られる。

　1人1人メイクが進んでいくと自然と会話が生じ，交流が生まれる。メイクの過程で傷やあざ，熱傷のために受けた過去の体験を語ることもあり，周囲はそれに耳を傾ける。話を聞くことで自分の思いを重ね，共感して泣き始める人もいる。辛い思いをしたが，自分だけでなくもっと大変な経験をした人もいることを知ったり，自分より重度の外観のトラブルをもつ人が自分より生き生きと前向きに生きている姿に心が動かされる人も多い。人々の中にカタルシス（心が浄化されるような体験[3]）が起こる。

　また，醜形恐怖の人がグループにいる場合，傷やあざのために来た参加者は最初，「なぜ彼女（彼）が，傷やあざがまったくないにもかかわらず来ているのだろう」と戸惑う。しかし，本人が心の問題で悩んでいることが理解できていくにつれて，「顔のどこにもあなたが気にしているようなものは見えないよ。本当よ。大丈夫」とその人を励ましていることが多い。傷やあざで悩むことも大変であるが，傷やあざがないのに悩むことの大変さに気づくからである。

表4 集団精神療法の何が治療的に働くのか

1	Instilation of Hope	他の患者が良くなるのを見て,自分もという希望をもつ
2	Universality	自分1人が悩んでいるのではない
3	Insparting Information	情報の交換
4	Altruism	他の患者を助けて,自分が役に立っている
5	The Corrective Recapitulation of the Primary Family Group	自分の家族のなかで体験したことの繰り返し
6	Development of Socializing Technique	人付き合いが上手になる
7	Imitative Behaviour	人のまねをしながら自分の行動を考える
8	Interpersonal Learning	対人関係から学ぶ
9	Group Cohesiveness	グループがばらばらにならないこと
10	Catharsis	語ることによって重荷を下ろす
11	Existential Factors	究極的には人は自分1人で現実に対決し,責任をとる

(近藤喬一ほか:Yalom I による表（1975）. 集団精神療法ハンドブック. p73, 金剛出版, 東京, 1999より引用)

逆に醜形恐怖の人にとってみれば,家族や周囲の人が「何のトラブルもない」と何度言っても効果がないものが,傷やあざのある人から発せられると信憑性のある言葉として受け止められる,という印象を受ける。

このように参加者たちも意識しないまま集団療法的な影響を受けていることも少なくない（表4）。そのうちに心が解放される。次第に人の視線を気にしない,その人らしい豊かな表情が見られるようになる。

このように,グループで行うことにより互いに「共感」し,「受容された体験」をし,「似た人を見ることにより自分を客観視」する。その体験を通してさまざまな「気づき」を得る。

❷個別アプローチ:メイクを媒介としたコミュニケーションがもたらすもの

参加者による1対1の個別対応である。

普段なら素顔を人に見せること,近づかせることや,まして触れられるなどは,かなりの抵抗を感じるはずである。しかし,長く探し求めてきた,気になる部分をカバーする方法に期待を抱いてこの場に臨んでいる人も多い。勇気をもって,その顔をメイクアップセラピストに託すのである。

メイクアップセラピストは,そのような参加者に受容的な態度で接しながら,必要なメイクアップを施す。息もかかるほどの至近距離で,肌に触れる。こうした非言語的コミュニケーションの中で,自分を一個人の人間として大切に扱ってもらえたという喜びを得る参加者は多い。尊重された体験から安心感,信頼感が生まれ,自尊心を高めるのである。

また,これまであきらめていた流行が自

分の顔にも取り入れられているのを見て喜びを感じる人もいる。参加者の言葉を借りれば,「自分も普通に楽しんでいいのだ」ということである。「自分は特別ではない」と感じられた経験は,本人の自信につながっていくように思われる。

3 課題

現在行われているこのような方法は,参加者に介入[3]（カウンセリングにおけるカウンセラーの働きかけのこと）し過ぎると批判を招くかもしれない。しかし,触れてはいけない問題のように顔を扱っていては,心を閉ざし社会との接点を得られずにいる参加者が変化することはない。人生を前向きに変えたいと思っているからこそ参加した意欲も見逃してはならない。だからこそ,対応には注意が必要であると筆者は考えている。メイクアップの過程でいかに価値あるコミュニケーションを行うかが,メイクアップセラピーの質を左右することになるであろう。

カウンセリングの立場から見た場合,現在のリハビリメイクには次のような問題点があると筆者は考えている。

- メイクアップセラピストのメイク技術が足りなかったり,介入の判断を誤ると,問題が生じる。
- メイクアップセラピストに十分な認識,対応能力が必要となる。

カウンセリング能力を向上させることは不可欠であろう。これらを解決するために,メイクアップセラピストの専門性とは別に,心理的サポートを行うことができる専門職を用意することの重要性を強く感じている。リハビリメイクを行う場では,例えばカウンセリング教育を受けたカウンセラーが必ず立ち会うなど,専門職同士が連携をとって行うべきだと考える。

一方で,参加者に対して継続的に精神的サポートを行うための体制づくりもまた重要と考えている。

【文　献】

1) 小此木啓吾,深津千賀子,大野裕ほか：心の臨床家のための必携精神医学ハンドブック. pp48-49, pp142-147, pp515-516, 創元社, 大阪, 1998
2) 野沢静夫：醜形恐怖. pp12-15, マガジンハウス, 東京, 1997
3) 平木典子：カウンセリングとは何か. p24, p85, 朝日新聞社, 東京, 1997

コミュニケーションを考える
―ケアする人，受ける人，両者のために心がけたいと思うこと―

――― 佐藤 智子 ―――

人の気持ちがわかるということ

　人の気持ちを理解するということは，非常に難しい。人は簡単に「あなたの気持ち，わかる」というが，その人が「わかった」と感じただけであり，相手が共感してもらえたと感じたかどうかは，定かではない。人はそれぞれで，同じ人は存在しないし，人生経験も異なり，考え方も違う。相手と非常に似た経験をしたことがあったとしても，その時に感じた気持ちはまったく同じということはないだろう。相手の気持ちを理解することが難しくても，「それでも何とか理解したい」という謙虚な気持ちの方が「人の気持ちがわかる」ことに近いような気がする。

　生きていると非常に辛い経験，自分が存在することの意味を見出せないほどの悲しい出来事に遭遇してしまうこともある。カウンセリングの仕事では，生きることの悲しみや，自分の存在意義を問うような悲痛な声を聞くことがある。そんな時，私自身も引き裂かれそうな痛みを感じる。これだけの思いを聞かせてもらっても，こちらは何もできないという無力感に襲われる。「どうしたらよいのだろう」と常に自分の中に疑問が残る。ある精神科医の講演で，その先生もときどき，そうしたことに出会うという話をされた。「その痛いと感じる痛みはその患者さんがずぅーっと感じてきた痛みなんですね」と話され，私は救われた。それからは，カウンセリングの時，自分が感じる痛みや無力感は相手の痛み，その人が感じている無力感であると理解し，何もできない自分を責め，いたたまれない思いに苦しむより，その一時だけでもその人の思いに逃げずに共感しようと思えるようになった。

　中には自己中心的な人もいて，不安やイライラをぶつけてくる人も多い。強い怒りをぶつけられると腹が立つこともある。しかし，どんな人も病気や死や現実を受容するまでの過程で，怒りを感じる時期がある。自分らしく生きようという希望を見出す（自分の人生を振り返り，今まで生かされてきたことへの感謝を感じるようになる）までには，怒りを抑え込まず表現するこの過程が重要であることは，すでに多くの文献に記されている。その怒りはこちらに対してのものではなく，心の葛藤だと理解し，やさしく見守るようにしたい。

医療スタッフとして患者さんとかかわる過程で

●スタッフ全員で複眼的に患者さんを理解する

　1人の患者さんに複数のスタッフが接する場合，その患者さんの気持ちの理解の仕方はおそ

らくスタッフ1人1人異なるだろう。それが当然であり，スタッフが同じ見解をもつことよりも，それぞれ異なる見解をもちながら，みんなでその人の理解を深めあっていくことの方が，より良く患者さんを理解できるような気がする。

　現在の医療体制の中では，そのような時間的・精神的・経済的余裕はなく，「スタッフみんなで患者さんを理解する」という言葉は，きれいごとに過ぎないと感じるかもしれない。しかし，スタッフ自身，人間であり，目の前の人の心を理解し大切にすることは，スタッフ自身に即，反映され，心を満たし，生きる喜びにつながるだろう。例えば寿命を1分1秒延長することに一生懸命力を注いだとしても，その心を置き去りにしていては，本当にその人を大切にしたことにはならない。「命優先」で，「心」を理解しないまま仕事をすることは，スタッフ自身のストレスにもなりはしないだろうか。

● **医療スタッフの心の健康**

　人の死に触れたり，一生懸命努力した患者さんの病状が悪化したりすることを度々経験する医療スタッフは，自身が精神的に疲労しやすい状況にある。まじめな人ほど自責の念に苦しみ，虚しさを感じるだろう。人の死に触れた喪失感から自分でも気がつかないうちにうつ病になることも多い。そうした時は我慢せず，早めにしかるべきところに相談し，休養したり，カウンセリングを受けたり，別の科に職場を移してもらうなどの対処が必要となる。

率直なコミュニケーションのために

　免責の気持ちが先に立って，相手の怒りをかわないよう防衛に力を注ぐのではなく，対等な人間として率直なコミュニケーションがとれる，信頼関係を築ける人と人との関係を，非常に難しいとは思うが，両者ともに目指すべきだと思う。どんな人であっても，その人の話を先入観で決めつけずに，「この人はいま何を感じ，何を思っているのだろうか？」と関心をもって耳を傾けたなら，意味のある話として聴こえてくるだろう。

　その人の存在を心から尊重する姿勢，どんな人からも学ぼうとする姿勢が，その人のみならず，ケアをする者自身の生きるエネルギーを引き出す「コツ」であると，強く思う。

コラム

Moment de loisir ❷ 心の化粧

青木　律

　さて，源氏物語　若菜上帖には次のような一節があります。

　女君には，「東の院にものする常陸の君の，日ごろわづらひて久しくなりにけるを，ものさわがしき紛れにとぶらはねば，いとほしくてなん。昼などけざやかに渡らむも便なきを，夜の間に忍びてとなん思ひはべる。人にもかくとも知らせじ」と聞こえたまひて，いといたく心化粧したまふを…（後略）。

　これは光源氏が妻である女君（紫の上）に対して「病気で伏せている常陸の君のところに気晴らしに行きたいのだが，（あまりおおっぴらにいくのではなく）夜の間に人目を忍んで行きたい」と語っているところです。
　心化粧というのはこのように自分の欲望をむき出しにするのではなく，周囲の事を気遣って心配りをする，という意味です。心化粧という言葉はいかにも日本的な情緒のある言葉だと思います。
　単に本性を隠す，というだけではなく他の人のことを考えて自分の行いを美しくする，これぞまさに本当の化粧だと思います。

第 IV 章

頭部顔面の解剖と医学用語解説

1 メイクアップセラピーに必要とされる 頭部顔面の解剖学的な知識

島田和幸

はじめに

メイクアップセラピー治療の対象は頭部顔面部がその中心であることから，今回は主として頭部顔面部における解剖学的な構造について述べる。頭部顔面部の解剖学的な説明としてはまず始めにその部を構成する骨，次に骨の上に付着する皮膚及び表情筋，およびそれらを栄養する血管と神経について述べることにする。

各組織の説明

1 頭部顔面を構成する骨について

ヒトの頭部顔面を構成する骨としては，脳の保護をしている脳頭蓋と，顔の中心部を構成している顔面頭蓋とに分類できる。

脳頭蓋としては，前頭骨，頭頂骨，後頭骨，側頭骨，蝶形骨，篩骨の6種8個である。

顔面の部位を構成する顔面頭蓋骨は，上顎骨，口蓋骨，頬骨，下顎骨とこれらの骨の周辺に存在する下鼻甲介，涙骨，鼻骨，鋤骨および舌骨の9種15個である。

以上を合計すると，ヒトの頭蓋骨は全部で15種23個から構成されている。

2 顔面皮膚の構造（図1）

顔面の表皮は非常に柔らかく，これらの上皮組織中には血管は含まれていない。表皮および粘膜上皮の下層には，それぞれ真皮および粘膜固有層と呼ばれる層が存在していて，これらの層には緻密なコラーゲン線維が多く含まれている。また顔面部には弾性線維を多く含んでいて薄くても柔らかい。

組織図で見てもわかるが真皮は表皮に向かって突出する浅層の乳頭層と，深層の網状層に分類され，乳頭層には血管が入り込んで毛細血管のループを形成している。

次に網状層についてみると，この層はコラーゲン線維束を主として多くの弾性線維をも含み，毛細血管よりやや太い脈管（動・静脈，リンパ管）が縦横に走行して

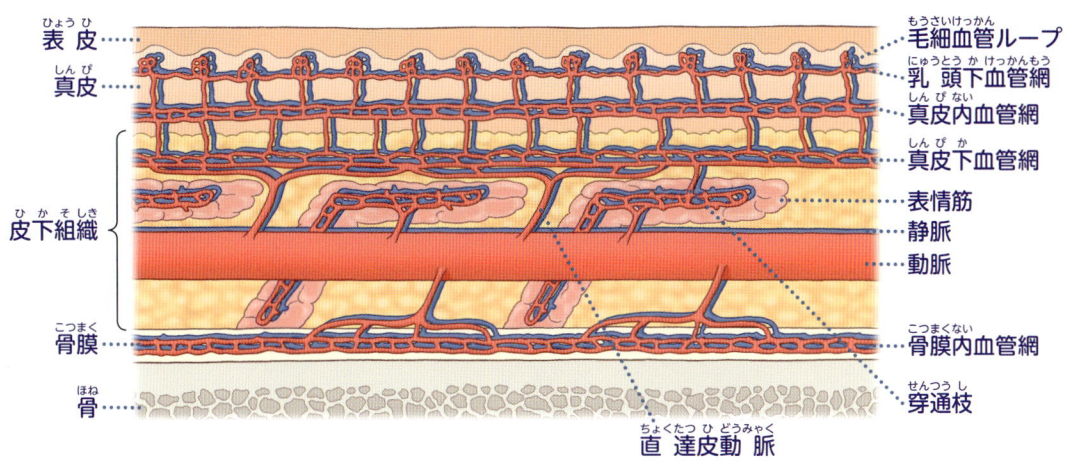

図1 皮下の血管

表 表情に重要な表情筋とその働き

1.	口角の運動に関する筋…広頸筋，頬筋，大・小頬骨筋，口角挙筋，口角制筋
2.	目をとじる…眼輪筋
3.	口を閉じたり口を尖らす…口輪筋
4.	額部にしわをつくる…皺眉筋
5.	上唇を上外側に上げる…上唇挙筋
6.	下唇を下げる…下唇制筋
7.	オトガイ部の皮膚を上方へ引く…オトガイ筋
8.	眉間の皮膚を下方に引く…鼻根筋
9.	頬部のえくぼ…笑筋
10.	口の壁をつくる筋で，咀嚼にも関係する（別名トランペット）…頬筋

真皮内血管網を形成している。顔面では脂肪層の直下に表情筋が存在する。明確な筋膜は存在しないとされているが，その筋膜に相当する部位に沿って血管（動・静脈），神経およびリンパ管の走行が見られる。

表情筋への血管分布については，顔面に分布する大きな血管（たとえば顔面動脈の各枝など）が表情筋の起始部または各筋腹部より入り込み，筋内で筋束に沿って広く網状に分布する形態をとっている。静脈，リンパ管についても同様の分布形態と考えられている。

3 顔面の筋について（図2）

頭部に存在する筋群としては大きく2種類に分類することができる。その1つは皮膚直下に存在する，感情表現に関与する表情筋群，もう1つは食物を咀嚼する咀嚼筋群である。今回はマッサージなどに重要な表情筋について述べ，咀嚼筋については割愛する。

図中ラベル（浅部・深部）：

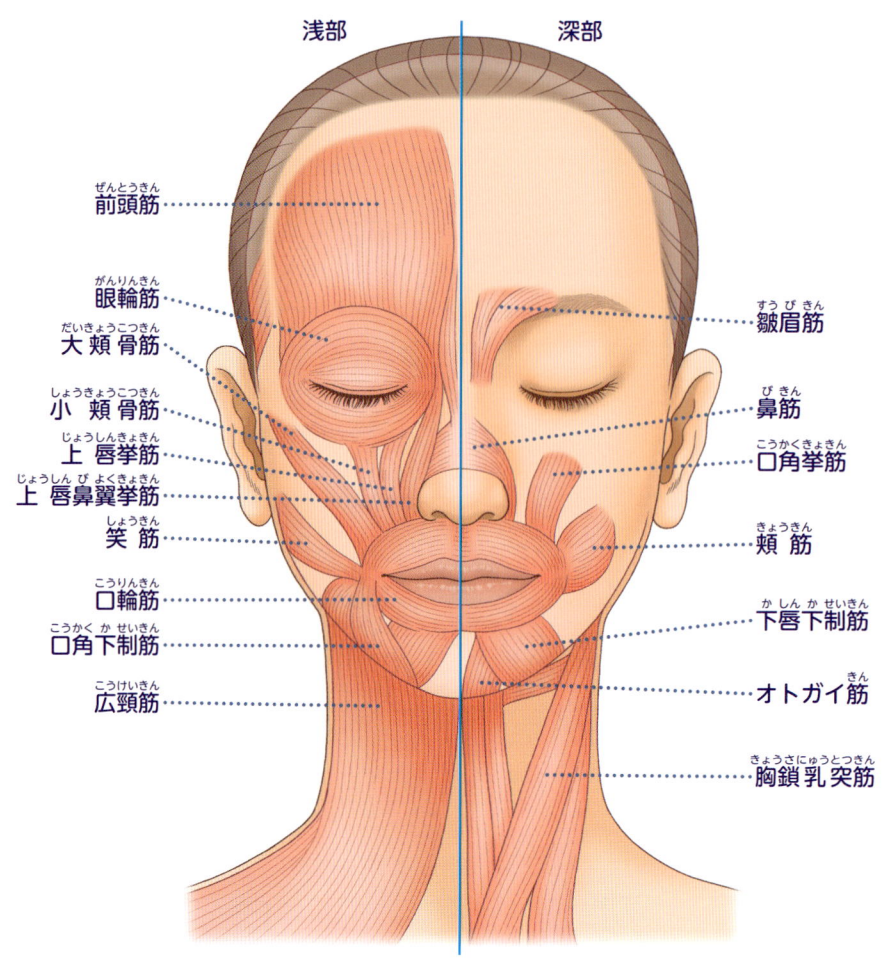

浅部：前頭筋、眼輪筋、大頬骨筋、小頬骨筋、上唇挙筋、上唇鼻翼挙筋、笑筋、口輪筋、口角下制筋、広頸筋

深部：皺眉筋、鼻筋、口角挙筋、頬筋、下唇下制筋、オトガイ筋、胸鎖乳突筋

図2　表情筋の図

●表情筋

　表情筋としては約25種の小さな筋群からなっている。その中で特にヒトとして感情表現に重要な筋のいくつかを挙げる（表）。これらの表情筋の中でも特に感情表現に重要なのは，目の周辺と口角の周辺の筋である。

4　顔面の神経について

顔の表情や咀嚼に関係する神経である。

❶顔面神経について

　顔面神経でも特に顔について重要なのは，表情筋に分布支配して表情筋の運動に関与することである。

❷三叉神経について

　三叉神経は，顔面の全知覚に関係し，特に咀嚼筋は，すべて三叉神経支配によっている。

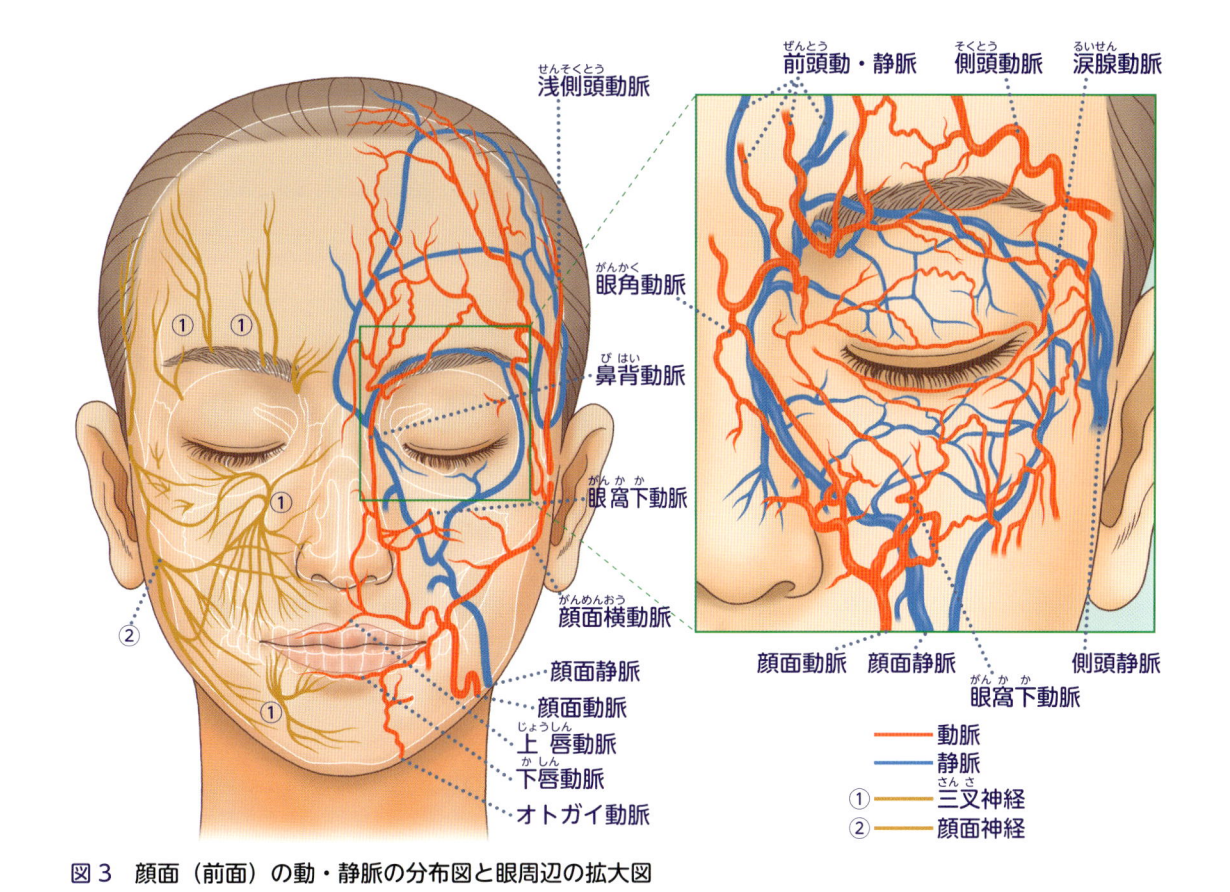

図3 顔面（前面）の動・静脈の分布図と眼周辺の拡大図

5 顔面領域に分布する主たる血管

❶動脈系について（図3）

　顔に分布する顔面動脈は，外頸動脈の舌動脈のすぐ上方で分岐し，茎突舌骨筋と顎二腹筋後腹の内側，顎下腺の上縁を通り，咬筋の前縁付近で下顎骨の下縁を越えて顔面に現れ，斜めに上内方へ走って口角の外側，鼻翼の外側を上行した後に内眼角部へと達する動脈である。顔面部では口角の下方で下唇動脈が上方で上唇動脈に分かれ，さらに，上行した顔面動脈は鼻枝を出しながら鼻翼の外側を上行し顔面動脈の終枝である眼角動脈として内眼角部に達する。これらの枝からの細枝がそれらの周辺の表情筋に動脈血を分布している。

❷静脈系について

　顔面および頭蓋腔内や口腔領域の静脈血のほとんどは総頸動脈に伴行する内頸静脈に注ぎ込み，一部は皮膚直下の静脈血が集まって皮静脈である外頸静脈へ注ぐ。内頸動脈は内頸動脈および総頸動脈の前外側に沿って下行し，胸鎖関節の後面で鎖骨下静脈と合流して腕頭静脈となる。さらに両側の腕頭静脈が合流して上大静脈となり，右

1 頭部顔面の解剖学的な知識　71

図4 頭頸部のリンパ管の分布図

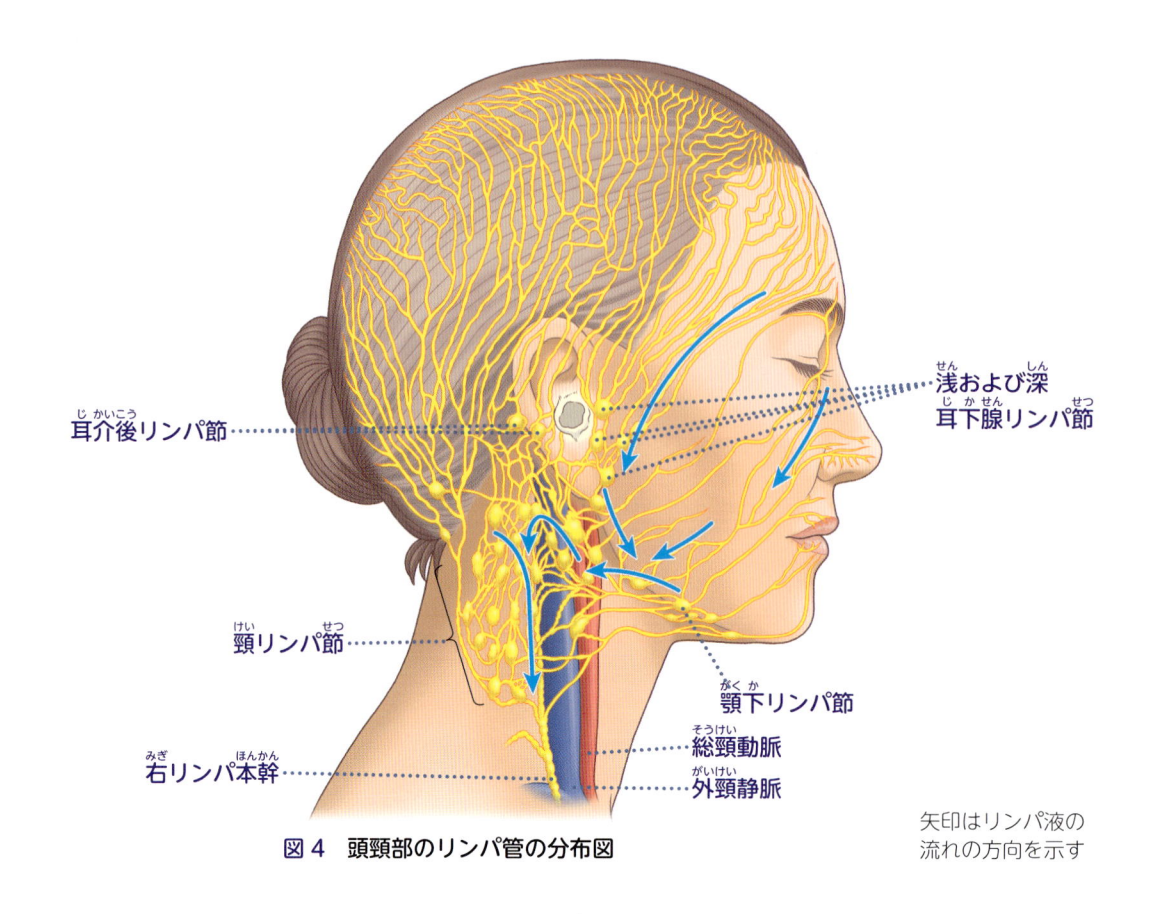

- 耳介後リンパ節（じかいこう）
- 浅および深耳下腺リンパ節（せん／しん／じかせん）
- 頸リンパ節（けい／せつ）
- 顎下リンパ節（がくか）
- 総頸動脈（そうけい）
- 外頸静脈（がいけい）
- 右リンパ本幹（みぎ／ほんかん）

矢印はリンパ液の流れの方向を示す

心房に戻る。顔面領域からの静脈は基本的には動脈系と伴行して走行するが，動脈系と比較すると走行形態の個人差が極めて大きく，また咽頭静脈叢や翼突筋静脈叢など，網目状の豊富な静脈吻合をもつ点で動脈系とは異なる形態を示している。

❸顔面部のリンパ系について（図4）

太いリンパ管は通常は，静脈に沿って走行している。頭部の浅いリンパ管は皮膚および軟組織周辺からリンパを運び，頭部の浅リンパ路としては顎下腺の周辺においてはオトガイ下，後耳介後方および後頭の局所リンパ節に通じている。前頭および側頭部からは浅および深耳下腺リンパ節へ経過し，顔では顎下腺部では顎下リンパ節へ，また顔面リンパ節，耳唇リンパ節，頬骨リンパ節，下顎リンパ節，オトガイ下リンパ節なども顎下リンパ節へ経過した後に外側深頸リンパ節へ流れて静脈角へ流れていく。

おわりに

これらの解剖学的な構造の知識（たとえば皮膚の構造，表情筋の筋走行やそれらの筋への神経分布，動脈，静脈，リンパ管の位置や分布域など）を熟知することにより，メイクアップセラピー，リハビリメイク（皮膚の新陳代謝の促進，血行およびリ

ンパ液の停滞など）は，より効果的な結果を得ることができる。

【文　献】

伊藤学而，島田和幸：顔学へのご招待　かお・カオ・顔．pp11-20, pp121-132, あいり出版，京都，2007

松村讓兒，島田和幸：イラスト顎顔面解剖学，pp23-61, pp84-95, 中外医学社，東京，2015

島田和幸，田松裕一：臨床家のための矯正 Year Book 10, 顔と口腔の血液循環．pp26-31, 医歯薬出版，東京，2010

2 身体部位の名称と用語解説

青木　律

身体部位の名称

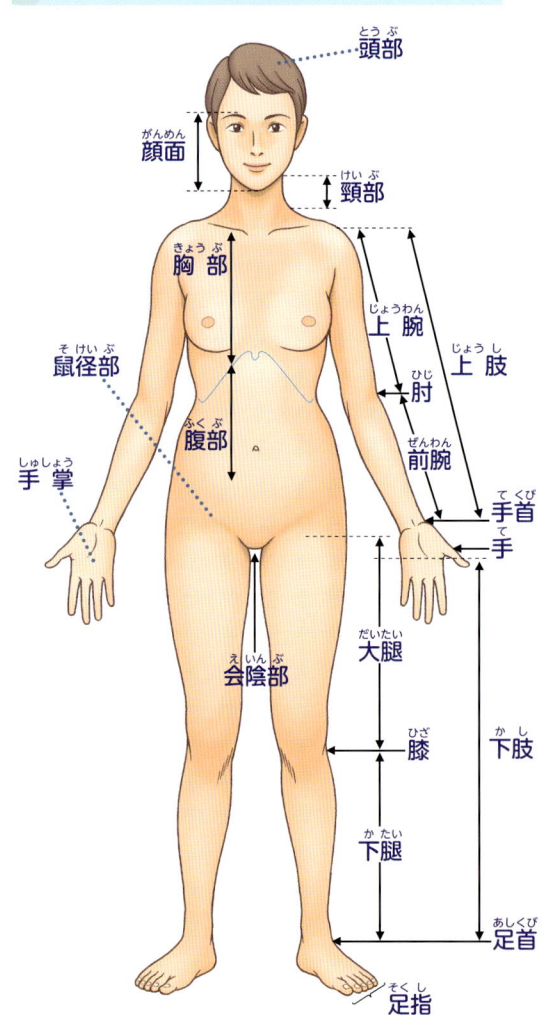

メイクアップセラピストは医師や看護師などの医療従事者と個々の事例についてディスカッションをする必要があるが，その際に最低限必要と思われる用語について以下に述べる．一般的な用語と読み方が違ったり，指し示す場所が多少異なることがある．

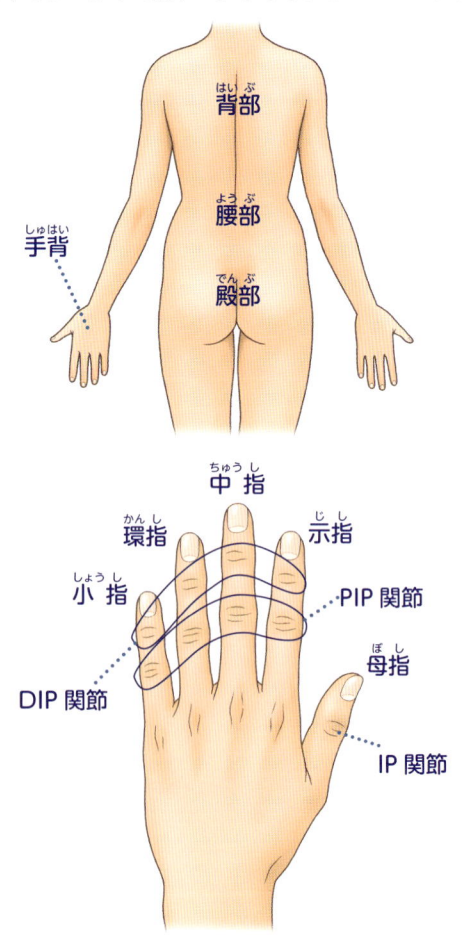

頭部（とうぶ）
顔面（がんめん）
頸部（けいぶ）
胸部（きょうぶ）
上腕（じょうわん）
上肢（じょうし）
肘（ひじ）
鼠径部（そけいぶ）
腹部（ふくぶ）
前腕（ぜんわん）
手掌（しゅしょう）
手首（てくび）
手（て）
会陰部（えいんぶ）
大腿（だいたい）
膝（ひざ）
下肢（かし）
下腿（かたい）
足首（あしくび）
足指（そくし）

背部（はいぶ）
腰部（ようぶ）
手背（しゅはい）
殿部（でんぶ）

中指（ちゅうし）
環指（かんし）
示指（じし）
小指（しょうし）
PIP 関節
母指（ぼし）
DIP 関節
IP 関節

74　第Ⅳ章　頭部顔面の解剖と医学用語解説

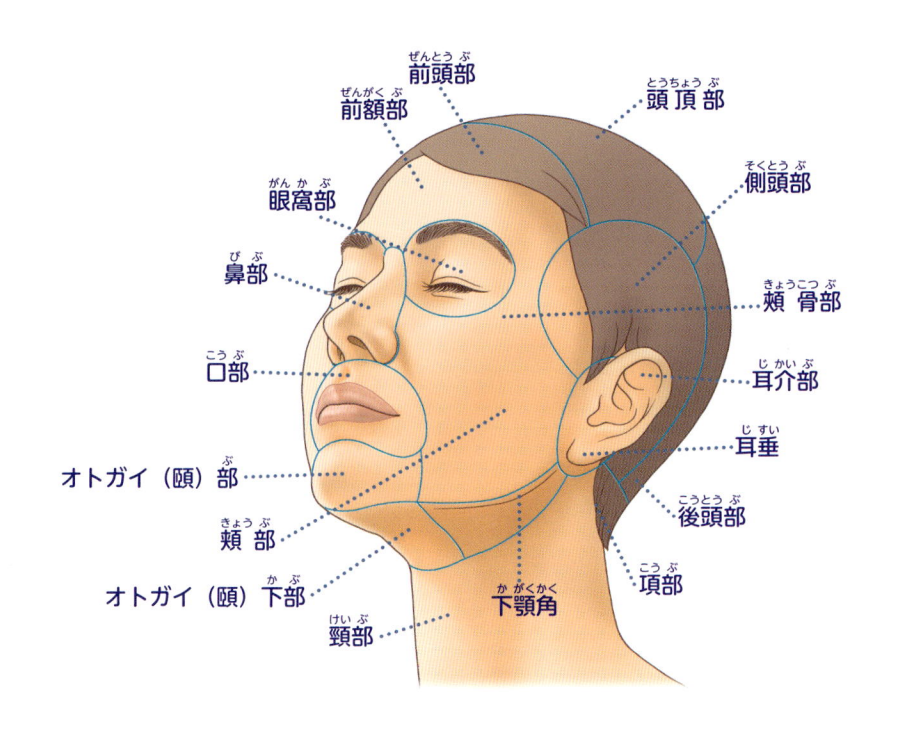

頭部・顔面の名称

頭部側面図
- 前頭部（ぜんとうぶ）
- 前額部（ぜんがくぶ）
- 頭頂部（とうちょうぶ）
- 側頭部（そくとうぶ）
- 眼窩部（がんかぶ）
- 鼻部（びぶ）
- 頬骨部（きょうこつぶ）
- 口部（こうぶ）
- 耳介部（じかいぶ）
- オトガイ（頤）部（ぶ）
- 耳垂（じすい）
- 頬部（きょうぶ）
- 後頭部（こうとうぶ）
- オトガイ（頤）下部（かぶ）
- 下顎角（かがくかく）
- 項部（こうぶ）
- 頸部（けいぶ）

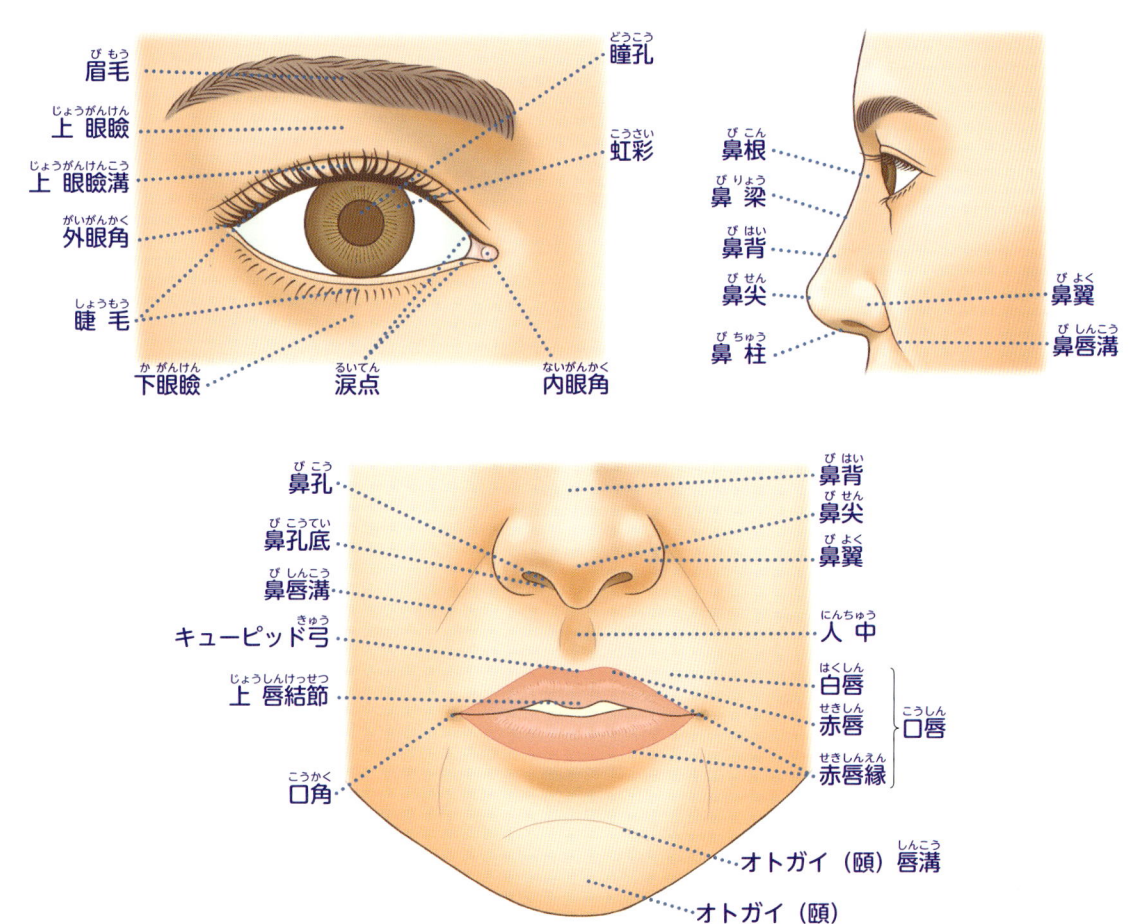

眼部
- 眉毛（びもう）
- 瞳孔（どうこう）
- 上眼瞼（じょうがんけん）
- 虹彩（こうさい）
- 上眼瞼溝（じょうがんけんこう）
- 外眼角（がいがんかく）
- 睫毛（しょうもう）
- 下眼瞼（かがんけん）
- 涙点（るいてん）
- 内眼角（ないがんかく）

鼻部
- 鼻根（びこん）
- 鼻梁（びりょう）
- 鼻背（びはい）
- 鼻尖（びせん）
- 鼻翼（びよく）
- 鼻柱（びちゅう）
- 鼻唇溝（びしんこう）

口部
- 鼻孔（びこう）
- 鼻背（びはい）
- 鼻尖（びせん）
- 鼻孔底（びこうてい）
- 鼻翼（びよく）
- 鼻唇溝（びしんこう）
- キューピッド弓（きゅう）
- 人中（にんちゅう）
- 上唇結節（じょうしんけっせつ）
- 白唇（はくしん）
- 赤唇（せきしん）
- 口唇（こうしん）
- 赤唇縁（せきしんえん）
- 口角（こうかく）
- オトガイ（頤）唇溝（しんこう）
- オトガイ（頤）

2 身体部位の名称と用語解説　75

●動脈

心臓から送り出された血液が通る管。酸素の濃度が高い。拍動している。

●静脈

各組織から心臓へ戻る血液が通る管。静脈血は拍動せず動脈の圧力や筋肉の運動などによるポンプ作用で心臓に送られる。

●皮膚

上から表皮，真皮，皮下組織の順にならぶ。人間の体の最も外側にあり，自己と外界の境をなす。細菌などの外敵を攻撃する免疫細胞や毛根，汗腺（汗を作り，排出するところ），皮脂腺（皮膚に脂分を供給するところ）などが存在する。

●表皮（ひょうひ）

皮膚の最も外側から角層（かくそう），顆粒層（かりゅうそう），有棘層（ゆうきょくそう），基底層（きていそう）の4層構造をなす。基底層では約19日ごとに細胞分裂し，その細胞は約1カ月かけて有棘層，顆粒層と上行する。さらに2週間程度かけて角層を通過し，いわゆる「垢」となって脱落する。

●真皮（しんぴ）

膠原線維（こうげんせんい）（コラーゲン），弾力線維（だんりょくせんい）（エラスチン），細網線維（さいもうせんい）（レチクリン）などの線維性物質と線維芽細胞（せんいが），マクロファージ，肥満細胞，形質細胞（けいしつ）などの細胞成分からなる。年齢を経るとこの部分のコラーゲンやエラスチンといった線維が弾力を失うためにしわやたるみを生じる。

●メラニン

人間に存在する黒色の色素。皮膚においては色素細胞（メラノサイト）で産生され，表皮細胞（ケラチノサイト）に伝えられる。ケラチノサイトに移動したメラニンは核の上に配置され紫外線によって核内の遺伝情報（DNA）が損傷されるのを防いでいる。

●エストロゲン

いわゆる女性ホルモン。中年以降分泌が減少すると，いわゆる更年期障害というような様々な不定愁訴を中心とした精神・肉体的症状を引き起こす。エストロゲンには乳腺増殖，排卵抑制，皮膚薄化，動脈硬化予防などの効果があることが知られている。

疾患に関する用語

●熱傷

やけど。お湯や油などのような熱性の液体によるものの他，炎，熱性固体，熱性気体によって引き起こされた皮膚の障害である。酸やアルカリなどの化学薬品で引き起こされた場合は化学損傷，高圧電流によるものを電撃損傷という。表皮だけの損傷の場合をⅠ度，真皮に至ったものをⅡ度，皮下組織に至ったものをⅢ度熱傷と呼び，Ⅱ度熱傷はさらに浅在性Ⅱ度熱傷（SDB）と深在性Ⅱ度熱傷（DDB）に分けられる，それぞれに治療法が異なる。

●瘢痕

いわゆる傷痕。受傷後赤みや隆起があるものを肥厚性瘢痕やケロイドと呼ぶ。

●ケロイド

傷痕のうち，受傷部位の大きさを超えて瘢痕が増殖するものをケロイドと呼ぶ。前胸部，恥骨前部，肩部などが好発部位であり，更に，人種（黒人＞黄色人種＞白人）や高血圧や妊娠などで発症率が異なる。

●眼瞼下垂

先天性あるいは後天性に瞼が下がってしまう疾患。軽度のものは前額（おでこ）の筋肉が眉毛を上げることによって瞼の下垂を補うため他覚的には下垂が認められないこともある。

●眼瞼痙攣

眼輪筋が不随意に収縮して瞼が明けにくくなる病気を眼瞼痙攣という。眼輪筋を支配する顔面神経が頭蓋骨から出てくる場所で慢性的に刺激を受けていることが原因とされており，外科的手術のほかボツリヌス菌毒素製剤による治療が行われている。

●唇裂

上口唇に裂隙を生じている先天異常の一つ。鼻腔に達しているものを完全唇裂，達していないものを不全唇裂と呼ぶ。両側唇裂と片側唇裂がある。治療は形成外科や歯科，口腔外科で行われる。

●口蓋裂

口腔の天井（口蓋）に裂隙を生じている先天異常の一つ。哺乳や構音に障害を来たすため形成外科や歯科，口腔外科による外科的手術に加えて補綴や言語訓練など集学的治療が行われている。

●異所性蒙古斑

主に東洋人の出生時に見られる臀部の青黒い色素斑を蒙古斑という。このうち臀部以外に生じたものを異所性蒙古斑と呼ぶ。蒙古斑は成長に応じて消褪することが多い

が，蒙古斑でも色が濃いものや四肢などに発生した異所性蒙古斑は成人になっても残存することが多く，レーザー治療の適応となる。

● 肝斑（かんぱん）

主に中年以降のアジア人女性の顔（頬骨部，前額部）にできる色素斑である。紫外線や摩擦，抗癌剤やホルモン剤によって悪化することが知られているが詳しい病態はまだ不明の点が多い。ビタミンCやトラネキサム酸の内服・外用やハイドロキノンやトレチノインの外用が行われる。

● 雀卵斑（じゃくらんはん）

白色人種や色白の黄色人種に見られる皮膚（顔，手，背中など露光部）にできる茶褐色の色素斑である。幼児期から見られる。3〜5mm程度で多発し，中年以降にこめかみなどにできる1cm程度の色素斑（老人性色素斑，日光黒子）とは異なる。

● 尋常性乾癬（じんじょうせいかんせん）

皮膚に銀白色の鱗屑（皮膚の粉）を伴った紅斑が生じる病気。半数ぐらいの症例で痒みを訴える。慢性に経過するが，近年様々な治療法が開発されている。基本的には外用や内服，光線療法が症状に応じて行われる。

● 尋常性痤瘡（じんじょうせいざそう）

いわゆるニキビのことである。皮膚の慢性炎症性疾患であり，毛穴に皮脂がつまり（白ニキビ）そこにニキビ菌が増殖して炎症を起こす（赤ニキビ）ことによっておこる。更にニキビ痕が盛り上がって瘢痕を作ることもある。毛穴のつまりを取り，炎症がある場合には抗生剤の外用や内服を行う。ビタミンCの内服や外用，抗男性ホルモン薬や漢方治療，ケミカルピーリングや光治療なども行われている。

● アトピー性皮膚炎

角層のバリア機構が低下し，そこに各種の抗原が接触して炎症反応が引き起こされる病態。遺伝傾向（家族内発症）があり，またアレルギー性鼻炎や喘息などを併発することが多い。幼小児に発症した場合，成長とともに改善することも多い。

● 皮膚癌

皮膚の悪性腫瘍。悪性黒色腫，有棘細胞癌，基底細胞癌の三種類がある。悪性度は悪性黒色腫が最も高く基底細胞癌が低い。癌細胞が表皮内に留まっているものを表皮内癌といい，皮膚の早期癌である。

● パジェット病

表皮内癌の一つ。乳房にできる乳房パジェット病と外陰などに生じる乳房外パジェット病がある。

● ボーエン病

表皮内癌の一つ。紫外線，ヒ素，ヒトパピ

ローマウィルスなどが原因として挙げられている。進行すると表皮基底層を超えて皮膚癌（有棘細胞癌）になる。

●単純性血管腫
たんじゅんせいけっかんしゅ

生まれつき皮膚表面の血管が増殖して赤く見える，いわゆる「赤あざ」。前額の正中にあるもの（サーモンパッチ）だけは成長に伴って薄くなる可能性があるが，その他のものは成人になっても残存する。色素レーザーが有効。顔面に生じたものでは緑内障や脳の石灰化を伴うことがある。また四肢にできたもので四肢の肥大を来すことがある。

●いちご状血管腫（乳児血管腫）

出生直後から1週間程度で発症する血管腫で，その後，隆起する。最終的には赤色は消褪するが，伸展された皮膚が瘢痕として残存することがある。治療は早期であれば色素レーザーの適応がある。

●色素性母斑

いわゆるホクロや生まれつきの黒あざである。色素細胞（または母斑細胞）がメラニン色素を産生し黒く（色素が薄く浅い場合は茶色く）見える。色素性母斑は良性疾患であるが，悪性のホクロ（悪性黒色腫）と鑑別が付かない場合や美容目的で治療することがある。小さいものは炭酸ガスレーザーやラジオ波などで蒸散して治療することができるが，大きいものは切除する。

●扁平母斑

生まれつきの茶褐色の平坦な色素斑である。成長によって消褪することはない。Qスイッチレーザーによる治療が可能だが，再発率が高い。レックリングハウゼン病に合併するものはカフェオレ斑と呼ぶことが多いが病理学的には同一のものである。

●刺青・入れ墨
いれずみ

皮膚（真皮以下）に墨などの色素を入れて模様をつける行為。刺青をレーザーで消すことができるのは黒い色素だけであり，赤や緑は効果が低く，黄色や橙色の色素は消すことができない。

●膠原病
こうげん

膠原とはコラーゲンの和訳であり，全身のコラーゲンの変性を来す疾患である。原因としては自己免疫が考えられており，本来は攻撃対象ではない自己の組織を非自己と認識して攻撃してしまう状態である。全身性エリテマトーデス（SLE），関節リウマチ，強皮症，シェーグレン症候群など様々な病気があり，しばしばその中間的な病態を取ることがある。

●双極性障害
そうきょくせい

以前は躁うつ病と呼ばれていた疾患である。気分の高揚が続き考えがまとまらなくなったり，注意が散漫になったりする躁病と気分が落ち込んで行動や思考が低下する

うつ病を繰り返す。自殺リスクが高く、自傷は30〜40％のケースで起こっているという報告がある。

●パニック障害

予期しないパニック発作が繰り返し起こり、生活に支障を来す不安障害。原因は不明だが、カフェインやアルコールの取り過ぎによる場合もある。パニック発作に伴い過換気症候群を来すことがある。

●統合失調症

原因は不明だが認知・思考や行動のまとまりがなくなってしまい（統合失調），家庭や社会での生活に支障を来してしまうような状態に陥る疾患。幻覚，妄想などが出現する。症状は多彩で，幻覚・幻聴・妄想などのほかに感情・意欲などに障害を来す。自分の外貌に問題がないのに，問題があると思い込んでしまうような身体醜形障害は統合失調症の初期症状として現れることがある。

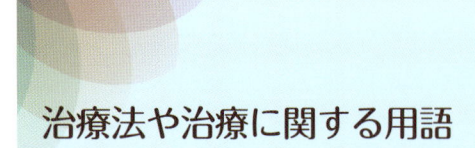

治療法や治療に関する用語

●真皮縫合

傷痕をなるべく目立たなくするために皮膚表面ではなく真皮のレベルで縫合する形成外科的技術の一つ。真皮あるいはそれ以下の深い層で縫合することによって皮膚表面の緊張を減らし，ケロイドや肥厚性瘢痕のリスクを減らすことができる。

●植皮術

皮膚を採取して癌や熱傷，外傷などで皮膚損傷した部分に移植する方法の一つ。表皮と真皮全層を移植する全層植皮と表皮と真皮の一部を移植する分層植皮がある。全層植皮は移植した皮膚の質感がよく，拘縮も少ないが，採取する面積に限りがある。分層植皮は質感と拘縮において全層植皮に劣るが，広範囲に移植する場合に使用される。移植した皮膚は一定期間圧迫固定が必要であり，固定が不良だと生着しないことが起こり得る。

●皮弁術

植皮術が皮膚の一部を採取して移植するのに対して，表皮，真皮そして皮下脂肪を含めて移植する方法が皮弁術である。血流が遮断すると生着しないので，皮膚の一部を切り離さない皮弁（有茎皮弁）と切り離した後血管吻合を要する皮弁（遊離皮弁）がある。植皮に比べて移植後の色素沈着と拘縮が少ないという利点がある。

●レーザー治療

メラニンやヘモグロビンなどの生体色素は，光の波長によって吸収される割合（吸光度）が異なる。そこで単一波長であるレ

ーザー光を照射して標的となる色素にだけ光を吸収させ熱破壊を起こすことが可能になる。この原理を利用して治療できる疾患には，単純性血管腫，いちご状血管腫，毛細血管拡張症，太田母斑，扁平母斑，異所性蒙古斑などがある。この他水に吸収される炭酸ガスレーザーなどを利用して隆起性病変（イボなど）を治療することもできる。

●ラジオ波

電磁波の一つである。熱で組織を焼くことができるので，医療分野では皮膚や肝臓などの切開に使用されるほか，レーザーよりも深達度が高いためしわやたるみ治療器として利用されることもある。

●電子線

電子という粒子による放射線の一種。電子線は粒子線の一種であるので，ある深さに達した時に一気にエネルギーを放出しそれ以上深くに到達しないため皮膚癌やケロイドなど表在性疾患の治療に使用される。

●ケミカルピーリング

酸を皮膚表面に塗布して皮膚を剥がす（溶かす）ことによって各種の病態を改善する治療法である。尋常性ざ瘡の治療やしわ，くすみなどの美容目的での治療が行われている。使用される酸はグリコール酸や乳酸，サリチル酸などである。低濃度のケミカルピーリングは治療目的でなく医療機関以外のいわゆるエステサロンで行われることもある。

●ステロイド

副腎皮質で作られるホルモンであり，炎症を抑える働きがある。皮膚科領域ではステロイドの外用療法（軟膏，クリームなど）がよく行われている。ステロイドには皮膚の菲薄化や毛細血管拡張などの副作用があるが，適切に使用すれば多くの皮膚疾患に対して非常に有用である。内服で膠原病などの治療にも使用される。

●ボツリヌス菌毒素製剤

ボツリヌス菌は神経接合部におけるアセチルコリンという物質を阻害するので食中毒の原因とされているが，これを眼瞼痙攣をおこしている眼輪筋に注射することによって痙攣の治療をすることができる。眉間などの表情じわに対する治療など，美容目的にも使用されている。

●ヒアルロン酸製剤

ヒアルロン酸は真皮や軟骨など生体内に含まれるムコ多糖類である。これを皮内あるいは皮下に注射することによってしわを浅くしたり顔面の輪郭を形成するなど美容目的で使用する。

●ダウンタイム

美容治療の中には治療によって皮膚が出血したり，びらんや紅斑が出現するためにこれをガーゼやテープなどで被覆したり隠し

たりする必要がある．回復するまでに要する時間をダウンタイムと呼ぶ．

コラム

Moment de loisir ❸ プライドとしての化粧

青木 律

　平家物語では，熊谷直実（なおざね）が逃げる平敦盛を呼び止め，組み敷いて兜を取る場面があります．

　「打ち際におしならべ，むんずとくんで，どうど落ち，とっておさへて首をかかんとて，兜をおしあふのけてみたりければ，薄化粧してかねぐろなり」

　直実は平家の若武者が化粧していることに心打たれます．戦に行くのに化粧をしているとはどういうことでしょうか？

　化粧は他者に見せることを前提としていますが，この場合は死に際に無様な姿を見せたくないという武将としての誇りが感じられます．名前を尋ねる直実に対して「お前には名乗らないが，打ち取るに不足のない相手だ」と堂々と語るところなど自分が高位の武将であることを誇りにしていることが伺われます．そして化粧がその誇りを高める手段として利用されています．

　直実は泣く泣くこの公達の首を取ります．おそらくその際に化粧も崩れたことでしょう．崩れた化粧を直実は直したでしょうか？　いいえ，そのようなことはしませんでした．

　なぜなら熊谷なおさね，ですから．

第Ⅴ章 リハビリメイク®の実際

1 リハビリメイクを始める前に
理論を整理し，顔の部位やとらえ方をマスターする

❋ リハビリメイクの7つのポイント

POINT 1 短時間で簡単にできる

POINT 2 崩れにくくべたつかない

POINT 3 世代・症状に関係なく同じ化粧品を使用

POINT 4 光と影の効果や目の錯覚を最大限に利用する

POINT 5 黄色いファンデーションを使用する

POINT 6 横顔を意識して立体的な顔をつくる

POINT 7 魅力を最大限に引き出す

❋ 本書で用いる部位の名称

Tゾーン
正面顔の中心の骨格。額の横ラインと鼻の縦ラインから「Tゾーン」と呼ぶ。ハイライトなどで強調すると立体感が生まれる。皮脂分泌が盛んな場所

Cゾーン
目を囲む骨で目尻側の「C」の字の部分。しみができやすい場所

アイホール
目の周りを囲む骨と眼球の境目のくぼみ。加齢などが原因で，この部分の皮膚がくぼむと影ができる

顎関節部
頭の骨とあごの骨のつなぎ目。口を開閉したときに凹む部分

頬骨
Cゾーンから続く目の下にある骨で，頬の筋肉に沿っている。一番高く出ている場所を基本に考える

口角
唇の端の，上唇と下唇がつながっている部分。ここが上がっていると若々しく見え，下がっていると老けて見える

ほうれい線
小鼻の脇から斜め下に，筋肉に沿ってできる影（しわ）。頬の筋肉がたるむと，深く長くなる

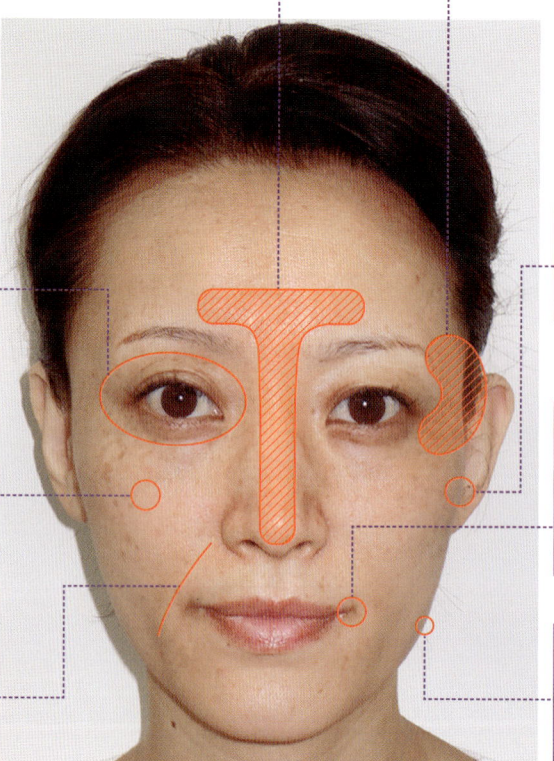

フェイスライン
顔の輪郭。耳の下からあご先までのラインと，髪の生え際と肌の境目のラインの総称

「正面顔」と「横顔」のとらえ方

　リハビリメイクでは，最大限の視覚効果を考えていく。左右の黒目の外側のラインより内側を「正面顔」，外側を「横顔」としてとらえるというただそれだけのことで，同じ顔が急に求心的・立体的に見えてくる。

　ファンデーションの塗り方や眉の描き方，アイシャドーやチークの入れ方なども，この「正面顔」と「横顔」のとらえ方をベースに考えられている。

かづきの正面顔と横顔
（黒目の外側のラインで区別する）

一般的な正面顔と横顔
（眉尻のラインで区別する）

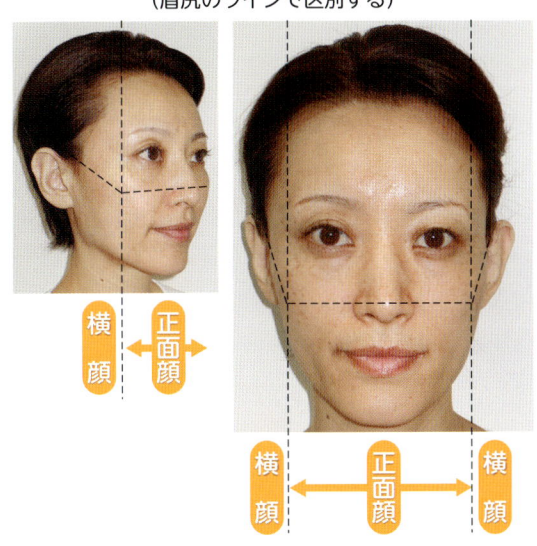

リハビリメイク基本の流れ

スキンケア → 血流マッサージ → かづき・デザインテープ® → 黄色の化粧下地 → ファンデーション第1段階 → フェイスパウダー → ファンデーション第2段階 → チーク＋白パール → 眉メイク → アイメイク → リップ

（黄色の化粧下地～チーク＋白パール：肌づくり）

1　リハビリメイクを始める前に　85

2 スキンケア
肌の力を存分に引き出すシンプルスキンケア

❦ 肌本来の自らうるおう力をサポートすることが大切 ❦

　肌は本来，自らうるおう力を備えている。これを失わないようにするために気をつけたいのは，洗顔などで肌に必要な皮脂まで奪ってしまわないこと。皮脂は皮膚の水分が蒸発するのを防ぐ天然のクリームの役目を果たしている。乾燥する部分には，効果的に油分を補給することが大切。リハビリメイクのスキンケアに欠かせないのはスクワランオイルである。

✿ 肌に必要な皮脂やうるおいを守る，朝の「ふきとり洗顔」

　就寝前にしっかりと肌の汚れを落としておけば，睡眠中に毛穴から分泌される皮脂で天然のうるおいによる膜（皮脂膜）が作られる。肌を乾燥から守るためにも，自ら出てくる皮脂や水分をできるだけ蒸発させないことが大切になる。天然のうるおいを洗顔によって落としてしまわないように，朝は化粧水とナチュラルオイルで汚れをふき取って落とす「ふきとり洗顔」を行う。

❶ 大判（または普通の大きさ）のコットンに，化粧水をたっぷり含ませる。

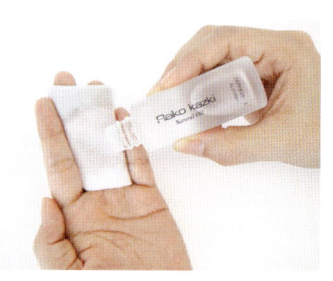

❷ スクワランオイルを適量加える。

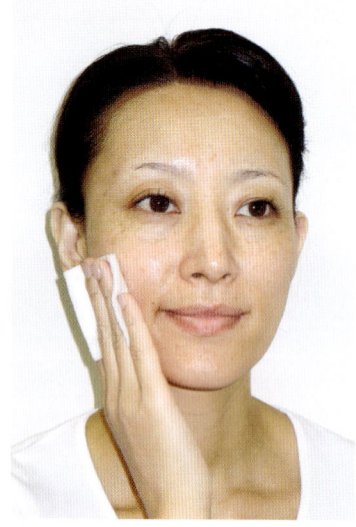

❸ 血流マッサージ（p.88参照）の要領で顔全体を上から下へとすべらせる。皮膚をこすりすぎないよう注意する。乾燥が気になる部分はパッティングする。

スクワランオイルの特長
　深海サメからとれるスクワランオイルは，人間の皮脂に含まれる成分"スクワレン"と非常に近い性質がある。そのため，以下のような優れた特長があると言われている。
① 角質の硬化を防ぎ肌を柔軟にする
② 肌の新陳代謝をサポートする
③ 角質層への浸透が優れている
④ 一緒に与える他の成分の浸透を助ける
⑤ 酸化や変質しにくく，肌に安全
⑥ 保湿効果がある

夜のスキンケアもしっかり「保湿」する

　夜のスキンケアも，必要最小限のシンプルケアで，肌本来の力を引き出す。洗顔後は，濡れた肌に手早くスクワランオイルをのばし，化粧水で保湿を行う。目の周りなどの乾燥しやすい部分には美容液やクリームなどをプラスする。

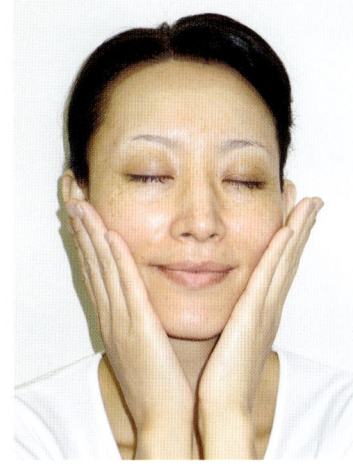

❶ 洗顔後の濡れた状態の肌にスクワランオイルを薄くのばす。

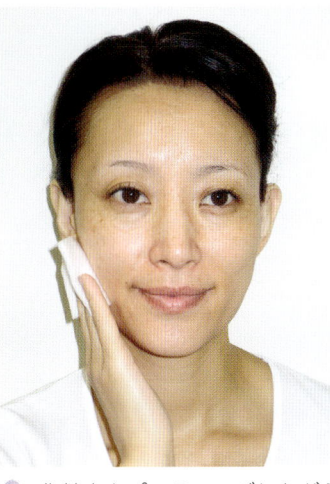

❷ 化粧水をパッティングしながらたっぷりつけて保湿する。

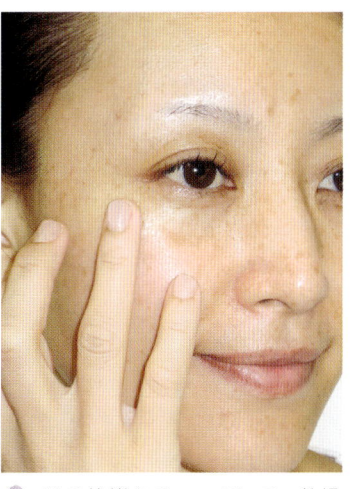

❸ 肌の状態をチェックして，乾燥が気になる部分に美容液やクリームをつける。

週に一度，蒸しタオルを使った「しっかりクレンジング」を

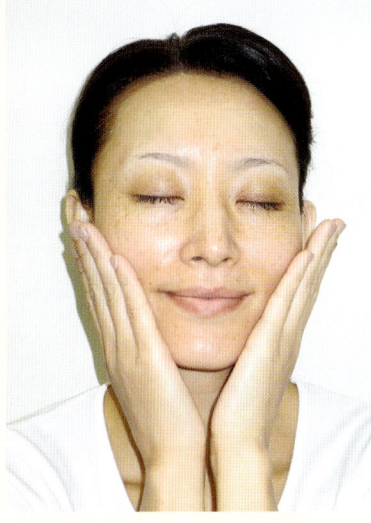

❶ **汚れを浮き上がらせる**
スクワランオイルを顔全体にたっぷりとつけ，汚れを浮き上がらせる。

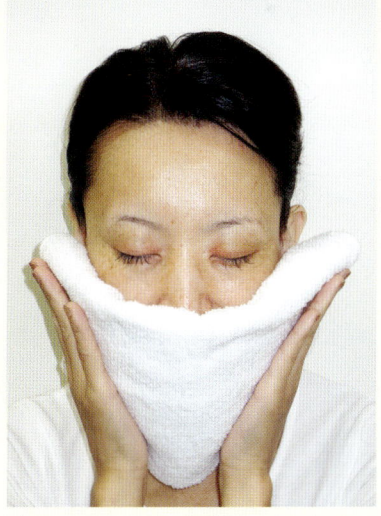

❷ **蒸しタオルの蒸気を当てる**
水で濡らして固く絞ったフェイスタオルを電子レンジで温めて（600wで40秒ほど）蒸しタオルを作り，顔を覆って数分経ったらやさしくふき取る。

3 血流マッサージ
メイクの前に必ず行い，素肌そのものを元気にする

～ 1回わずか30秒のマッサージで血行促進 ～

　首から下の血管には，血液の逆流を防ぐために弁があるが，首から上の血管にはほとんどない。そのため，本来は心臓に戻っていくべき静脈血が血管の中に滞ったままになりやすい。

　血流マッサージは，顔に滞った静脈血を静脈から心臓に戻すように上から下に向かってマッサージすることによって血行を促進し，老廃物を流し出す。血流が良くなることで，顔のむくみやくすみが取れ肌の張りと艶がよみがえり，たるみも解消するため，メイクで患部を完全に被覆できなくても，患者の満足度が高まる。スポンジで行う基本の血流マッサージは毎日，メイク前に約30秒行う。また，化粧直しのときなど，夕方の疲れた顔にも効果的である。

❀ 血流マッサージの主な効果

- むくみが改善し顔が引き締まった印象になる
- 皮膚表面の温度が下がりファンデーションののりが良くなる

❀ 使用するスポンジの準備

① 厚みのある五角形のスポンジを水でぬらして，固く絞る。

② ティッシュペーパーなどでスポンジの水気を軽く押さえる。

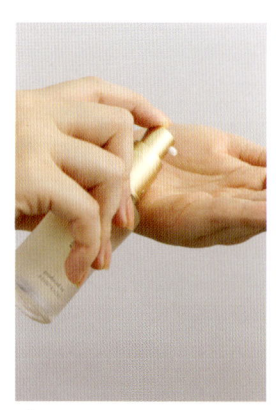

③ すべりをよくするため，さらっとしたタイプの美容液を手のひらに1～2プッシュ出す。

④ 手のひらでスポンジに美容液を含ませる。

血流マッサージの基本手順

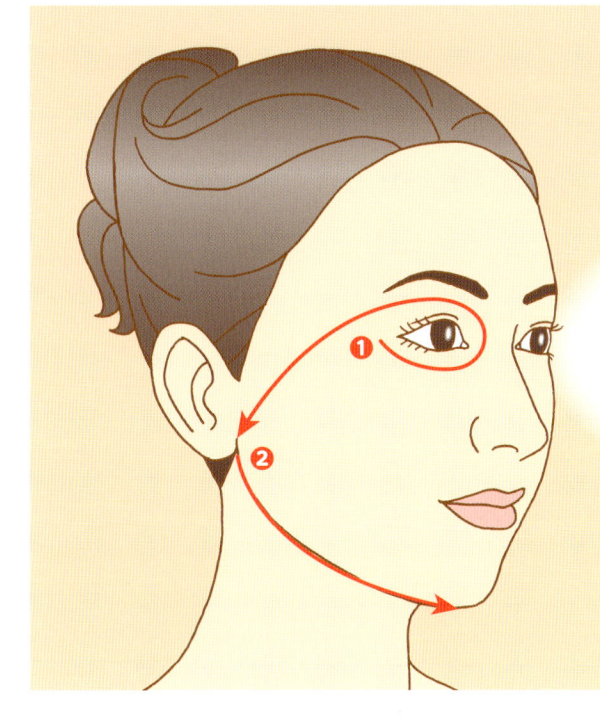

皮膚に過度の負担をかけないために，スポンジは必ず湿らせ，滑りをよくしてから使用する

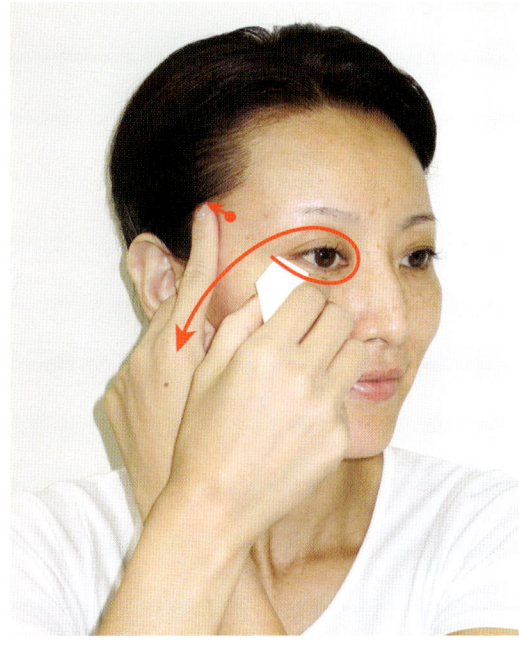

手順1 片方の手で目尻の皮膚を斜め上に引き上げ，反対の手で持ったスポンジを目尻に当ててスタート。目の周りをぐるりと1周させてから耳の下まですべらせる。目の周りは皮膚が薄いので，やさしく丁寧に行う。目尻から耳の下までは気持ちいい程度に力を入れる。

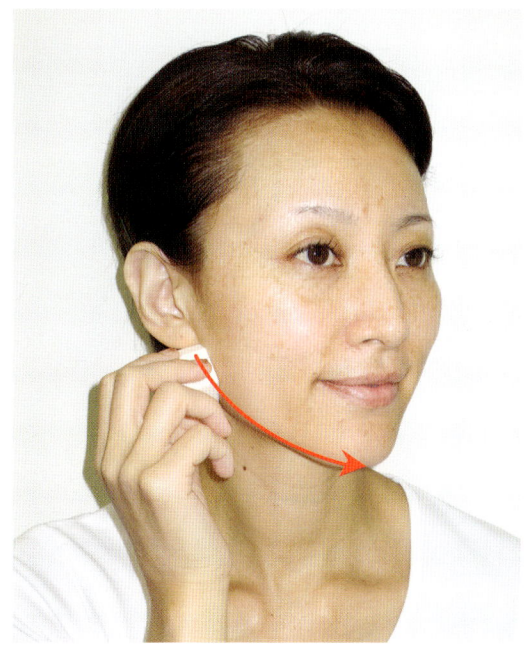

手順2 耳の下から，あごに向けてフェイスラインに沿ってスポンジを滑らせる。気持ちいい程度に力を入れて行う。手順1と手順2を何度か繰り返す。

血流マッサージの応用手順

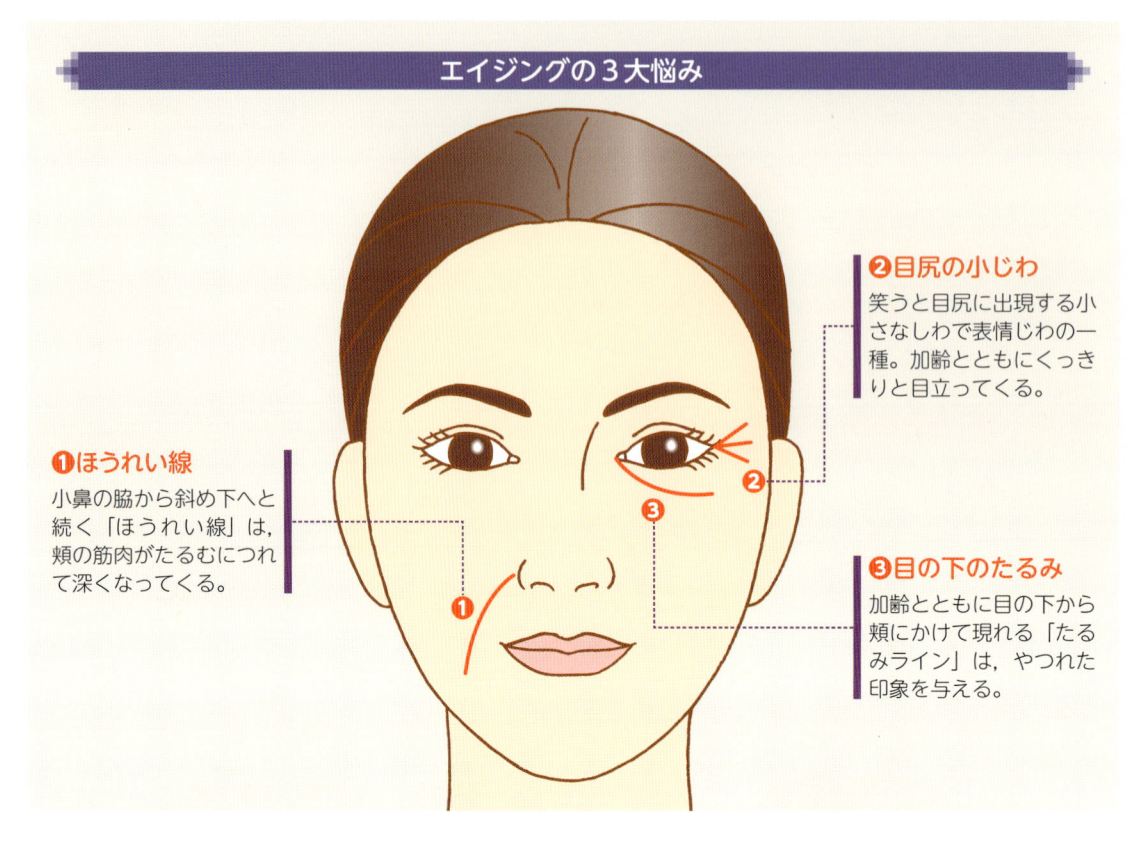

エイジングの3大悩み

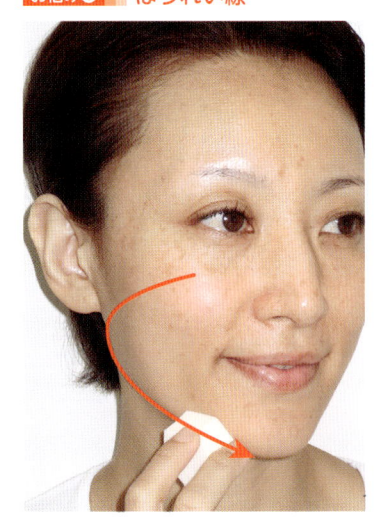

❶ほうれい線
小鼻の脇から斜め下へと続く「ほうれい線」は，頬の筋肉がたるむにつれて深くなってくる。

❷目尻の小じわ
笑うと目尻に出現する小さなしわで表情じわの一種。加齢とともにくっきりと目立ってくる。

❸目の下のたるみ
加齢とともに目の下から頬にかけて現れる「たるみライン」は，やつれた印象を与える。

お悩み❶ ほうれい線

血流マッサージの手順1を，このマッサージに替える。頬骨からスタートし，ほうれい線をぐるりと回り込むようにスポンジを動かして，フェイスラインに沿ってあご先まで滑らせる。

お悩み❷ 目尻の小じわ

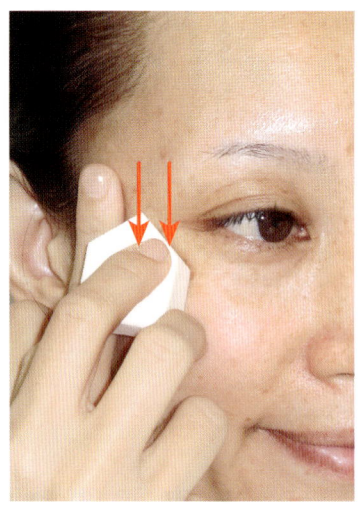

血流マッサージの手順1と手順2を行った後，このマッサージをプラスする。反対側の手で目尻の皮膚を引き上げながら押さえたら，小じわを縦断するようにスポンジをまっすぐ下へ動かす。

お悩み❸ 目の下のたるみ

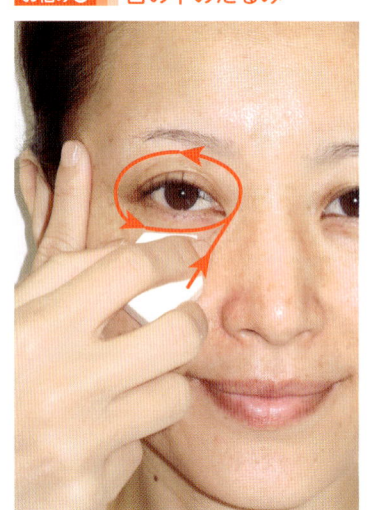

血流マッサージの手順1と手順2を行った後，このマッサージをプラスする。目の下のたるみラインに沿って，スポンジを斜め上に軽く数回動かし，目の周りをぐるりと数周する。力を入れ過ぎないこと。

血流マッサージの効果を持続させる
かづき・デザインテープ®

　リハビリメイクの現場から生まれた『かづき・デザインテープ®』は，患部の肌の凹凸までカバーできるように，光らず，透明で，肌と段差ができないほど極薄で，通気性もよく，しかも低刺激で肌にやさしい。リストカットや手術痕，やけど痕などの患者に喜ばれたのはもちろん，加齢とともに皮膚がたるみ，顔の傷痕が目立ってきた人にも試してみたところ，傷痕がほとんど目立たなくなったばかりか，顔全体がリフトアップして若々しくなった。以来，アンチエイジング目的にも使用し，効果をもたらしている。

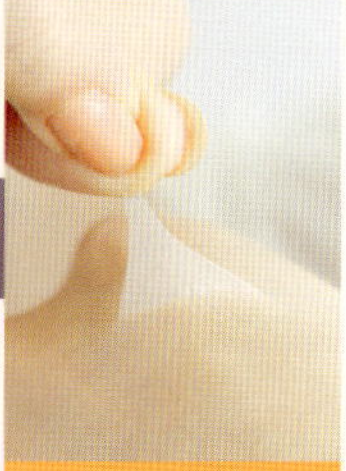

テープ表面に微細なエンボス加工を施しており，肌なじみが良く上からメイクもできる。

基本の貼る位置

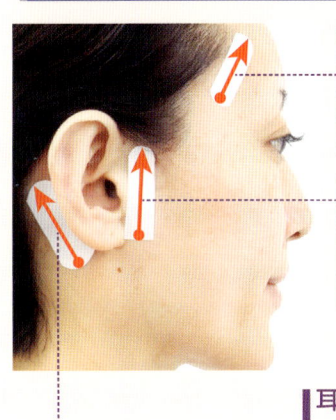

こめかみから額
目の下やまぶたのたるみ，眼瞼下垂などが気になる人に効く

耳の前
頬やあごのたるみ，フェイスラインのもたつきなどに効果的

耳の後ろ
頬がたるみ，ほうれい線がくっきりと目立ってきた人に効く

基本の貼り方

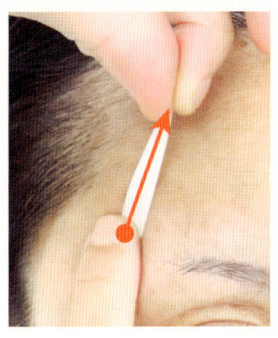

① 肌の水分や油分をふきとってから，テープの下端を指で押さえながら上端をぐっと引き上げ，一番高い所で留めるように貼る。

② 貼り終えたら，それぞれのテープの上の白い剥離紙をゆっくりはがす。

③ 水を含ませたスポンジなどで，テープの上から軽く叩き，肌に密着させる。

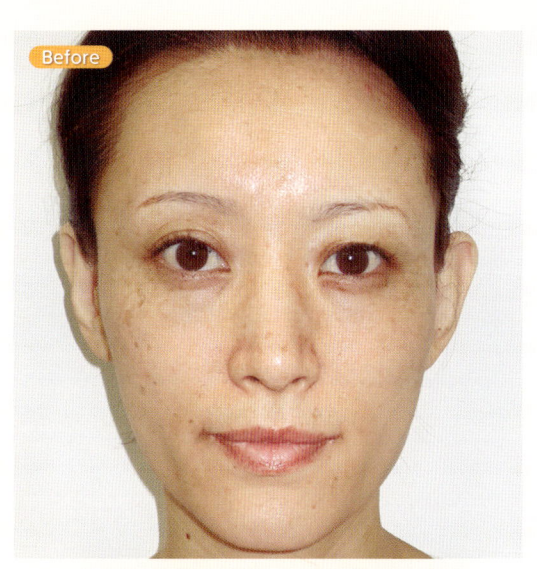

Before

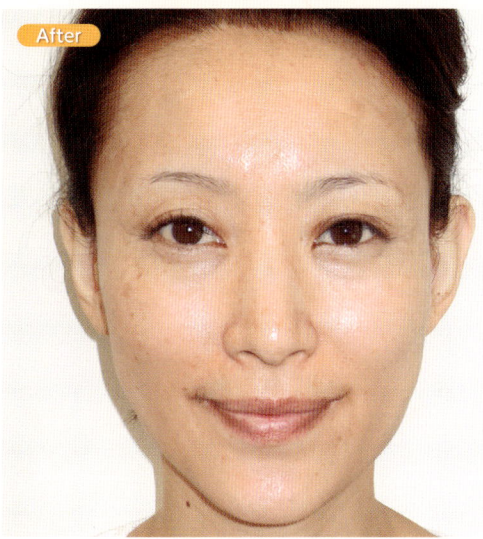

After

血流マッサージ＋テープ前後の比較
血流マッサージを行い，テープを貼った顔は目尻が上がり，まぶたや目の下のたるみが解消。頬の位置も高くなり，頬に張りとボリュームが出ている。フェイスラインも引き締まっている。

4 肌づくり①
化粧下地からファンデーション第1段階まで

🌸 個々人に適したファンデーションを選ぶ

　患部をより自然にカバーして，肌の色を美しく整えるためには，ファンデーション選びが重要である。使用するファンデーションを選ぶ際は，患部の状態，年齢（皮膚の若さ），人前に出る機会の多寡などのライフスタイル，本人のメイク技術の取得具合などを考慮して，総合的に判断する。また，色や種類の違うファンデーションを複数混ぜることで，肌色や質感を状態に合わせて変えたり，色に深みを出す。

ファンデーションの種類と特長

乳液タイプ
水分を多く含む，乳液のような感触のファンデーション。さらっとした軽い感触で，被覆力は最も低い。

リキッドタイプ
水分を最も多く含む，液体状のファンデーション。薄づきでのびがよく，軽い感触。被覆力はカバータイプ，クリームタイプに次いで高い。

クリームタイプ
美容液成分が多く配合され，保湿力が高い，クリーム状のファンデーション。乾燥した肌に適している。被覆力は高いが自然に仕上がる。

練り状タイプ
肌への密着性や保湿力が高い，固形（練り状）のファンデーション。被覆力は比較的高く，塗ると肌にハリが出る。

パウダータイプ
薄づきでも被覆力はやや高い，パウダー状のファンデーション。化粧直しにも手軽に使える。

カバータイプ
主に患部を被覆するために使用する，被覆力の極めて高いファンデーション。質感を軽くするためパール入りのものもある。

黄色のファンデーションの特長

リハビリメイクでは，化粧下地をはじめ，黄色のファンデーションを混ぜて使用することが多い。黄色は肌のくすみを抑えて透明感を出し，傷痕ややけど痕などの赤みやくすみを目立たなくする，などの効果が期待できるためである。その時々の肌に応じて，タイプ別に黄色いファンデーションを選択するとよい。

黄色の化粧下地の基本手順

　保湿力に優れ，テカリを抑えて肌のうるおいも保持する乳液タイプの黄色の化粧下地を使用する。適量を手のひらに取り，上から下へと顔全体にむらなく伸ばす。黄色の効果で，傷痕ややけど痕などの赤みやくすみをカバーし，肌に透明感が出る。手に取って余った場合は，首や手の甲につけて日焼けを防止する。

① 手のひらに適量出す。

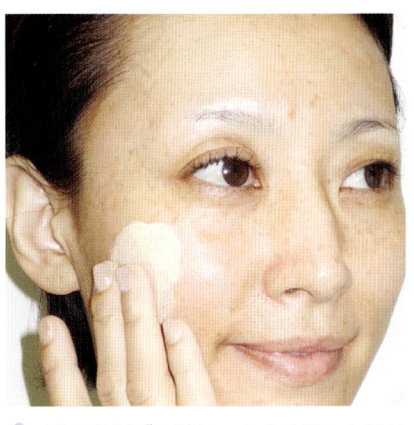

② 指で少量ずつ取り，上から下へと擦り込むように顔全体に塗布する。

ファンデーション第1段階の基本手順

　ファンデーション第1段階は，塗り方と方向性に従って，スポンジで8ステップで塗布していく。「正面顔」と「横顔」を意識して（p.85参照），顔の上がったラインに沿って塗るので，目に見えない無数の線の跡が肌に残り，その結果，奥行きのある顔に見える。また，血流に沿ったマッサージも兼ねている。

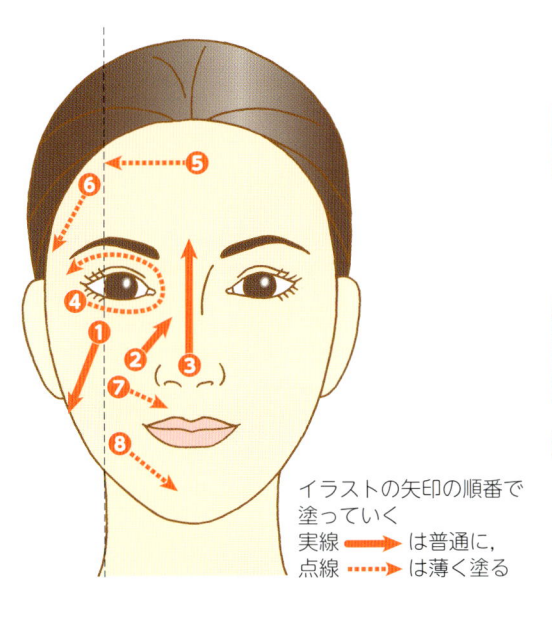

イラストの矢印の順番で塗っていく
実線 ➡ は普通に，
点線 ┄➤ は薄く塗る

① 練り状ファンデーションの黄色とベージュをスポンジで1：1の割合で取り，手のひらでよく混ぜ合わせる。

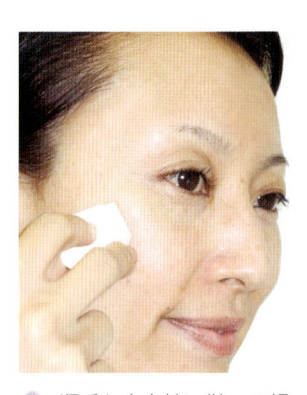

② 順番と方向性に従って顔全体に塗布する。皮膚の薄いところやよく動くところは，ファンデーションがよれやすいので薄く塗る。

4　肌づくり①　93

4 肌づくり②
フェイスパウダーからファンデーション第2段階まで

❋ フェイスパウダーの基本手順

　フェイスパウダーには，肌表面のキメを整え，化粧崩れを防ぎ日焼け予防になる効果がある。肌に透明感を与え，軽い質感に仕上げるのにも役立つ。肌に薄く均一につくよう，パフによく揉み込むことがポイントである。こうすることでパウダーの粒子が細かくなる。

　汗をかいても崩れないように，フェイスパウダーは粒子が細かく水に強いものを選ぶとよい。

フェイスパウダーの効果

- 化粧崩れを防ぐ
- 紫外線を防ぐ
- 肌のキメを整える

① パフにフェイスパウダーを取り，手のひらでよく揉み込んで，パウダーの粒子を細かくする。

② 毛穴の向きに逆らうように，下から上にパフを押さえるようにフェイスパウダーをつけていく。

③ 大きなフェイスブラシで，余分なフェイスパウダーを払い落とす。

ファンデーション第2段階の基本手順

　ファンデーション第1段階でカバーしきれなかった患部をさらに目立たなくするには，カバー力の高いオレンジ色の練り状のファンデーションを部分使いする。頬骨からこめかみにかけて少量をのせることで，頬骨の近くにあるしみなどの患部や肌のくすみを自然にカバーすることができる。オレンジ色には自然な血色をプラスし，肌を若々しく元気に見せる効果がある。くすみやしみの強い年齢肌にはオレンジ色にカバー力の高いベージュと白パールのファンデーションを混ぜて調整することもある。

① スポンジにオレンジ色のカバー力の高い練り状ファンデーションを少量取り，手のひらでよくなじませる。

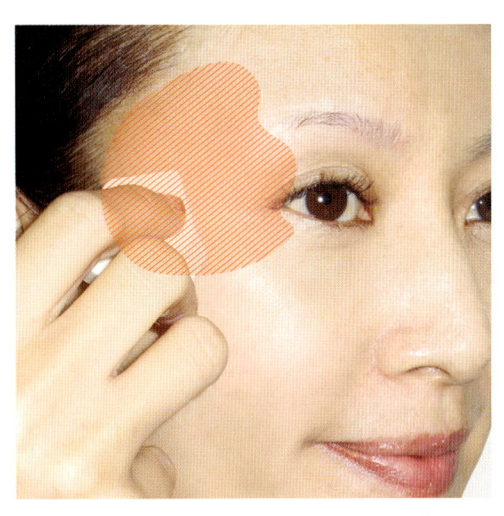

② こめかみからCゾーンあたりに，ポンポンと軽く叩くようにして塗布する。

Cゾーン以外の位置にしみがある場合

　Cゾーン以外の場所に大きなしみなどがある場合は，カバー力の高いベージュの練り状ファンデーションでカバーし，上からフェイスパウダーをはたいて固定させる。しみが気になる時は手順を繰り返す。

① カバー力の高いベージュのファンデーションを少量取り，手のひらでよくなじませる。

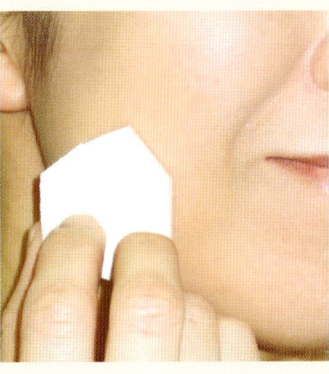

② しみが目立つ部分を中心にポンポンと軽く叩くようにして塗布する。

③ その上からフェイスパウダーを重ねてブラシで払う。2と3を，しみが目立たなくなるまで繰り返す。

4 肌づくり③
チーク＋白パール

🌸 チーク＋白パールの基本手順

　肌づくりの仕上げに，チークで肌に若々しい血色と艶をプラスする。チークの色も単色ではなく，複数混ぜることで色に深みが出て，肌なじみが良くなる。

　ファンデーション第2段階でオレンジのファンデーションを塗布した上からチークをのせ，続いて「横顔」（p.85参照）のみにカタカナの「レ」の字にチークを入れる。影（次頁参照）同様に上がったラインを入れ頬の位置を高く見せると，立体感のある顔に見せる効果がある。

　手順の最後に，顔の凸部分に白パールを入れると，顔の立体感が強調され，肌の質感を軽く見せることができる。

① チーク2色，茶系のシャドー2色，白パール全部を混ぜるようにしてチークブラシで取り，手のひらでなじませる。

② オレンジのファンデーションを塗布したあたりに，ふんわりと重ねてつける。Cゾーンに艶がプラスされて若々しい印象になる。

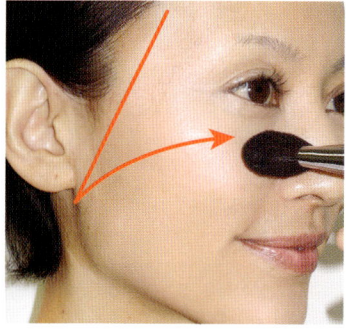

③ こめかみからあごの付け根で折り返し，カタカナの「レ」の字を描くように入れる。

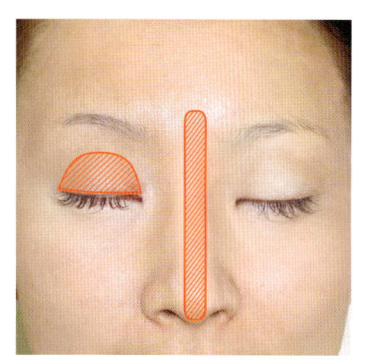

④ 指で白パールを少量取り，鼻筋とアイホールに塗布してからぼかす。

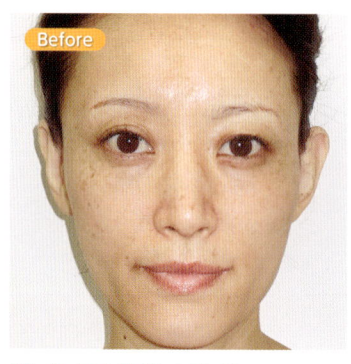

肌づくり前後の比較

肌づくりが完成した右の写真は，肌のくすみやしみ・そばかすがカバーされ，キメも整って見える。頬の位置が高くなり，頬に張りと艶が出て若々しい印象になった。

目の錯覚を利用して顔の印象を変える
かづきの影

　目の錯覚を利用して，顔の印象を変えることができる。顔に赤紫色のラインを入れ，それをぼかして影をつくることで，顔を小さく立体的に見せ，目の下のたるみを目立たなくする効果がある。メイクテクニックの流れとしては、ファンデーション第1段階の後，フェイスパウダーをはたく前に入れる。

　絵画では通常，上向きの顔を描くには，上向きにカーブした曲線で顔を捉えて立体感を出す。これを応用して，加齢や疲労などの影響で下がったラインが気になる顔に，上向きのラインを入れることで，頬の位置が上がったように見せる。

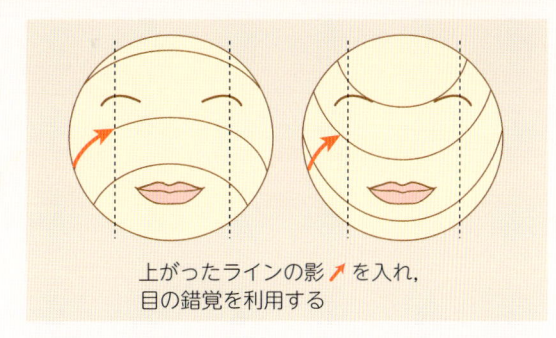

上がったラインの影↗を入れ，目の錯覚を利用する

影の効果

- 顔を立体的に見せる
- 目の下のたるみを目立たなくする
- 頬の位置を上げる

影の色のつくり方

ピンクと茶色のファンデーションをそれぞれ少量ずつ取り，手のひらなどで2色を軽く混ぜ合わせ赤紫色を作る。ピンクと茶色の量は1対1を基本に，色白の人は茶色を多めに，日焼け肌やくすんでいる人はピンクを多めにする。

影の入れ方・ぼかし方

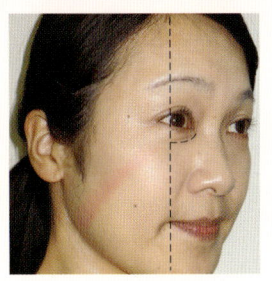

① 顎関節部を起点に，目の下のたるみに向かってまっすぐ指で伸ばす。えらの張っている人は，えらの位置を起点にして伸ばす（写真はえらから）。

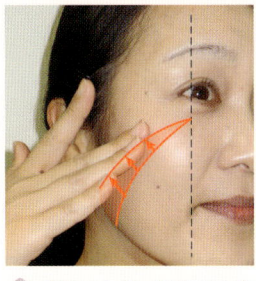

② 影のラインを指で上向きにぼかす。このとき，起点と終点を同じ幅にぼかすのではなく，影全体が二等辺三角形になるようにする。

③ スポンジで，影のラインの上をこすらずポンポンと叩くようにぼかす。薄目を開け，影が入っているのがうっすらとわかるくらいであることを確認する。

➡ 影を入れるとこんなに変わる

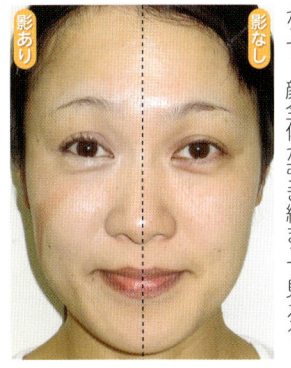

向かって左が影を入れた状態です。頬が上がって，顔全体が引き締まって見える。

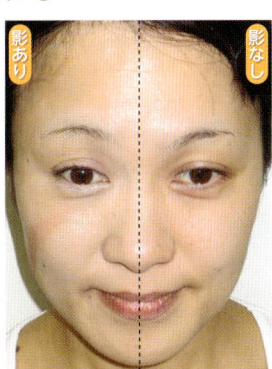

◀上から見ると
影を入れた左側の方が，頬骨の位置が高く見える。

◀下から見ると
影を入れた左側の方が，顔の幅が狭く見える。

5 眉メイク
眉の黄金バランスを知って,シンメトリーに描く

🌸 眉の描き方で顔のイメージは大きく変わる

眉を描く際に心がけたいのは,シンメトリー(左右対称)に描くこと。シンメトリーな眉は,人に安心感を与える。さらに,鼻筋のラインと自然につながるように描くと,鼻が高く見え,やさしく知的な印象になる。

眉を描く前にまず,眉の黄金バランスに合わせて,余分な毛を整える。下のイラストを参考に,眉山,眉尻,眉頭の位置を整える。

眉を描く道具には,デッサン用の画材鉛筆を使用するのも良い。濃淡のグラデーションをつけやすく,芯のグレーの色は髪色にも合わせやすい。

眉の黄金バランス

眉頭
目頭より1cm弱顔の内側に入り,鼻筋に自然につながっている

眉山
黒目の外側の延長線上を中心に左右約5mmの範囲にする。眉全体の長さの半分より外側にある

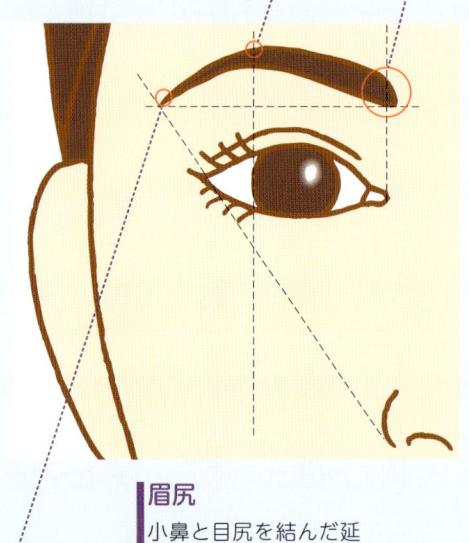

眉尻
小鼻と目尻を結んだ延長線上まで延びている。眉頭より上にする

眉メイクの基本手順

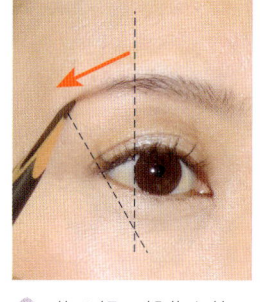

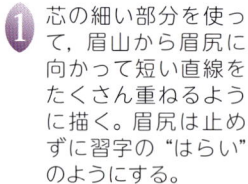

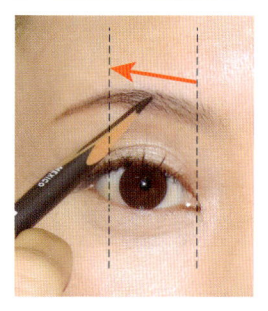

1. 芯の細い部分を使って,眉山から眉尻に向かって短い直線をたくさん重ねるように描く。眉尻は止めずに習字の"はらい"のようにする。

2. 芯の細い部分を使って,眉中から眉山に向かって塗り込むように描く。

3. 芯の太い面を使って,眉中から眉頭に向かって徐々に色が薄くなるように描く。眉頭は鼻筋につなげて描く。

4. 茶系の2色のアイシャドーをブラシで混ぜ,眉全体に軽くのせる。明るくソフトな印象に仕上がる。

6 アイメイク

アイシャドー・アイライン・マスカラで目元の印象アップ

❋ 光と影の効果で、ナチュラルで力強い目元に

　目元の印象は顔全体の印象を大きく左右するので，個性を引き出して元気に見せるアイメイクを心がける。それには，流行色を多用するのではなく，光と影の効果で顔に自然な陰影をつくり，ナチュラルでありながら力強い目元に仕上げることが大切である。

　茶色系のアイシャドーを入れる際は，まぶたの「正面顔」に縦方向に入れる。こうすると縦のラインが強調され立体的になり引き締まった求心的な顔に見える。黒のアイラインやマスカラには，目元がくっきりと際立ち，黒目が輝いて見える効果がある。

アイシャドー

アイシャドーブラシで茶系2色のアイシャドーを取って手のひらでなじませ，まぶたの「正面顔」の部分だけに縦方向に入れる。

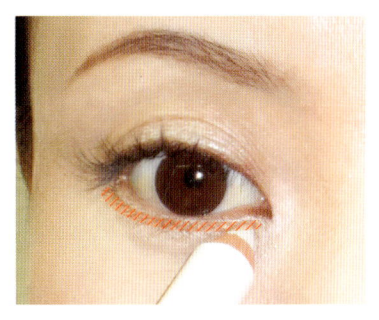

目の下のまつ毛の生え際全体に，白パールのペンシルでラインを入れると，白目がきれいに見える。

アイライン

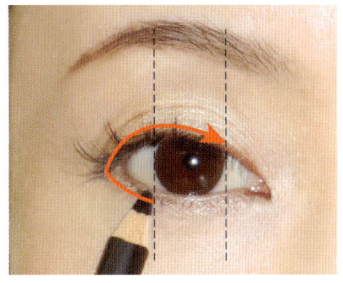

基本の入れ方
黒のペンシルタイプのアイライナーでまつ毛の生え際の内側に描く。目の下側の目尻から1/3のところをスタート地点として，目の上側の目尻から2/3（黒目の内側ライン）のところまで，ぐるりと一筆で一気に描く。

応用
リキッドタイプのアイライナーを使うと，よりくっきりと目元を演出できる。加齢によってぼんやりしてきた目元に効果的。入れ方はペンシルで描いた上からなぞるように描くと，より簡単に描ける。

マスカラ

① ビューラーでまつ毛をカールする。まつ毛を根元からはさんで，軽く立ち上げるようにしたら，ビューラーを中間部分，毛先と動かしていき，自然な上向きにする。

② カールしたまつ毛の根元から毛先に向かって，下側から持ち上げるように黒のマスカラをつける。

7 リップ
リップブラシを使って,唇が左右対称になるように塗る

❦ 輪郭がきちんと整い,口角が上がった唇に ❦

　リップメイクをする際に心がけたいことは,リップラインをきちんと描くことと,口角が上がって見えること。若々しく,清潔に見えるのは,輪郭がきちんと整い、ボリュームがあってみずみずしい唇。口角が上がっていると好印象を与える。口角まできちんとリップラインがつながっていないとだらしなく見えてしまうので、塗り終わったあとにチェックすることも大切である。

✿ リップの基本手順

手順1 こしのある平筆のリップブラシにたっぷり口紅を取って,筆を平らな状態にならす。

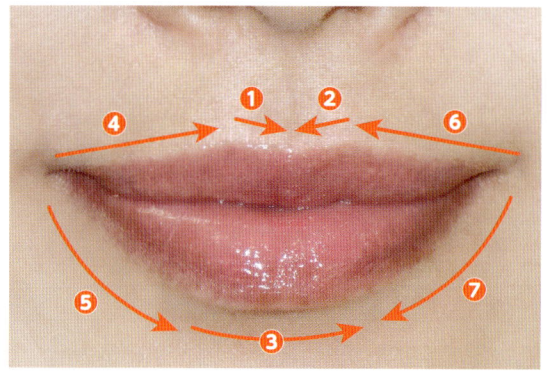

手順2 唇を軽く閉じて,順番（左の写真❶〜❼参照）どおり丁寧に輪郭をとってから、内側を塗りつぶす。

One Point
一度塗った口紅をティッシュペーパーなどで押さえてからフェイスパウダーを軽くはたき,余分な粉を落としてから二度塗りすると,口紅が落ちにくくなる。

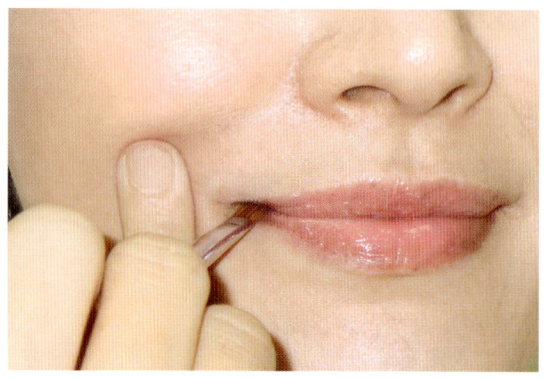

塗るポイント 口角を描くとき（❹〜❼）は,指で口角を持ち上げるようにして押さえながら,平筆を口角に差し込み,筆を半回転させるように描く。

第Ⅴ章　リハビリメイクの実際

完 成

しみやくすみがカバーされ，肌に張りや艶が出て，若々しく見える。
また，目尻や頬の位置が引き上がり，フェイスラインも引き締まって見えるため，
さらに元気で若々しい印象を与えている。

After

Before

リハビリメイクが完成

メイク前後の比較

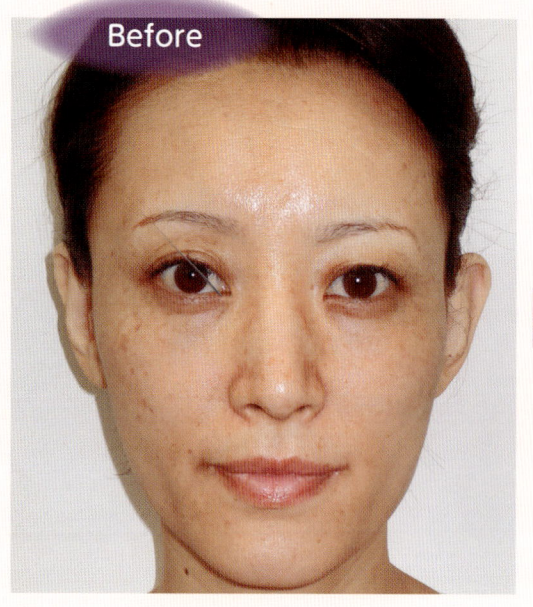

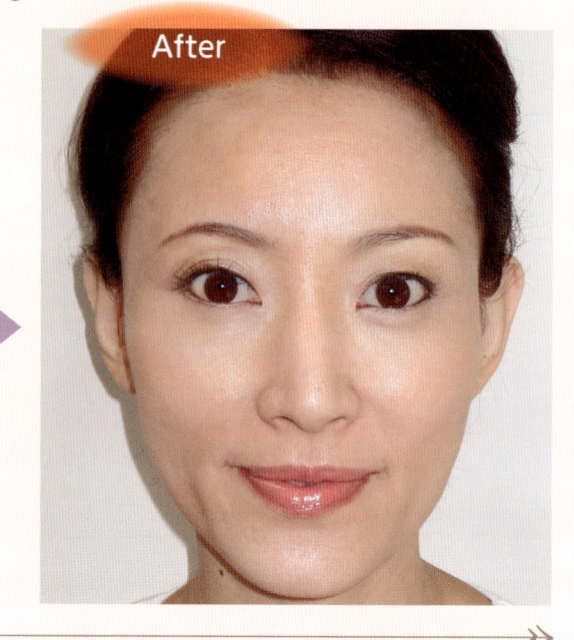

➜ 正面から見たところ
まぶたの重みがとれて目が開き，目尻も上がって見える。目の下のくすみも解消。肌に張りが出て，血色もよくなって見える。

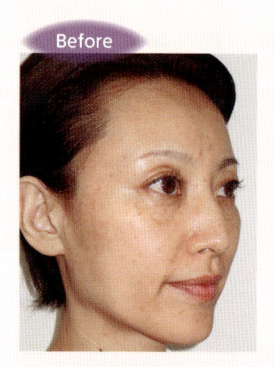

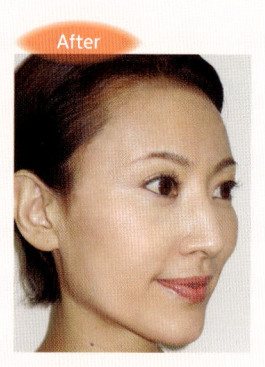

➜ 斜め45度から見たところ
頬の位置が上がり，全体的に肌に張り感が出ている。顔に奥行が出て，鼻筋も通って見える。ほうれい線も目立たなくなった。

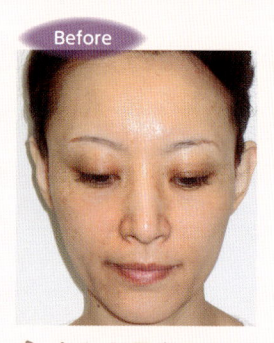

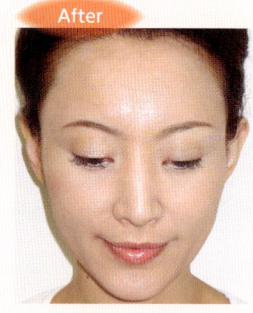

➜ 上から見たところ
眉が左右対称に整えられたことで，顔に立体感が生まれた。あごのラインがシャープになり，口角が上がって見える。

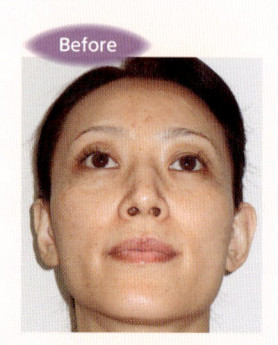

➜ 下から見たところ
目尻や頬の位置が高くなり，老けて見える影や下向きのラインが目立たなくなった。印象が明るくなったように見える。

錯覚を利用したメイクアップ

―― 青木　律 ――

　メイクアップの効用は，単に皮膚表面の色調を整え，欠点を目立たなくするだけではない。皮膚の色調を変えるだけで，時には実物以上に目を大きくあるいは鼻を高く見せることができる。例えば実際に鼻を高くしたわけではないが，メイクで鼻に濃淡をつけると鼻が高く見える。これが錯覚（錯視）の効果である。

　錯覚というと脳の判断の誤りという意味合いが強いように思われるが，これは脳で取り扱う情報量と入力される情報量の格差が原因である。一般にヒトの網膜には1億個の視細胞があるが，これらで受容した視覚情報は約150万個の視神経節細胞に伝えられる。そしてその情報（電気信号）が後頭葉の一次視覚野に伝えられる。ヒトはいわば150万画素のデジタルカメラと同程度の画素数を有していると言える。現在では通常市販されている携帯電話に付随しているデジタルカメラでさえ，1000万画素を軽く超えており，デジタルカメラが登場したてのころに販売された150万画素のカメラで撮影された画像はかなり粗く見える。われわれの視神経節細胞は150万個しかないのに，この世の中が150万画素で撮影された写真のようにギザギザに見えないのはわれわれの脳が画素数（神経節細胞数）以上の情報を処理しているからである。すなわち網膜から後頭葉視覚野に伝えられた情報はさらに上位の視覚中枢に送られ，そこで他のさまざまな情報を合わせて複合的に情報処理されているのである。つまり150万画素という隙間だらけの情報の画素と画素の間の情報を特別なプログラムで補っているのである。だからわれわれの目の前の世界はギザギザに見えないのだ。

　同じように網膜という二次元の平面に投影された情報も大脳皮質での情報処理を経ることによって三次元の立体として認識することができるのである。

　図1の（1）は単なる六角形である。立体ではない。しかし同じ六角形でも（2）のように色を塗り分けると立体（立方体）のように見える。そして一度（2）を見た後で（1）を見直すと，単色で塗られている六角形ではあるが，頭の中に立方体を思い浮かべてしまう。

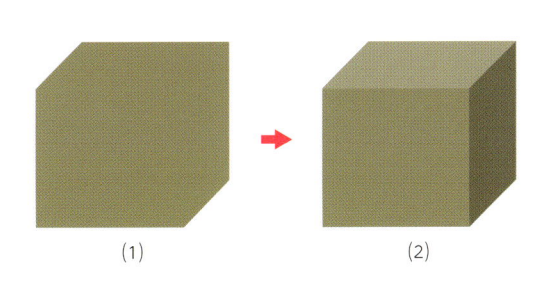

図1　単なる六角形も色を塗り分けると立体に見える

　すなわち（2）は光が当たった状態の立方体が網膜という平面に投影された情報と極めて似ているため，実際には平面であるにもかかわらず立体的に見えるのである。そして一度学習した脳は，単なる平面的な六角形を見ても，それを光が当たっていない状態の立方体のシルエット

と誤認してしまう。

このような誤認は形態だけに起こるものではない。色調に関してもしばしば起こる。

図2の(1)と(2)は実はまったく同じ色（色相，明度，彩度）である。しかし背景の色が異なるため，明るい背景をもつ(1)の方が暗い背景をもつ(2)よりも暗く見える。このことからヒトが色（色調，明度，彩度）を認識する様式は絶対的なものではなく相対的なものであることがわかる。このような脳の認識機構の特徴をメイクアップに利用することができる。

図2　上の(1)と(2)は，まったく同じ色である

実際のメイクアップにおける応用

図3は遠近法もしくは一点透視法を利用して描いた図である。図の上方にあるこどもはより遠くに，下方の子供は手前に位置していることを平面的に表わしたものである。奥行きを示すために道路の脇の木は上方に行くにしたがって小さく描いてある。同じ大きさの木であっても遠方に行くにしたがって小さく見えるから，逆に小さく見えるものは遠方にあるのだと脳が認識するためこの図は奥行きがあるように見える。こどもの大きさはまったく同じだが，上方にあるこどもは木に対して相対的に大きく，下方のこどもは相対的に小さい。この大きさは相対的なものであるが，絶対的にも上方のこどもの方が下方のこどもより大きく見える。この現象を利用したものがポンゾ錯視と言われるものである（図4）。

図3　ポンゾ錯視の例　下段の子供の方が小さく見える

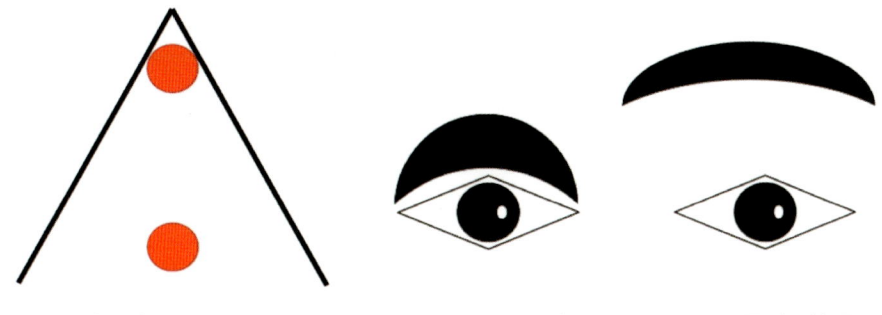

図4　ポンゾ錯視

図5　同じ目の大きさであっても眉毛の位置と形によって大きさが変わって見える

　ポンゾ錯視はこのような脳の認識システムを利用した錯視現象である．図4の赤い丸はまったく同じ大きさである．しかし上方にある丸の方が大きく見える．このポンゾ錯視を利用すれば眉毛の位置と角度を変えることによって目の大きさを変えて見せることができる．図5では眉毛に近い目の方が眉毛が遠い目よりも大きく見えるが，実際にはまったく同一の大きさである．目の大きさをメイクアップで変えることは困難であるが，眉毛は剃毛することができるので位置や形を変えることは容易である．

　眉毛は顔の印象に大きく影響を与える部分である．中国では蛾眉（娥眉）といって昆虫の蛾の触角のような細くて婉曲した眉を美人の象徴として評価した．眉毛の形はカミソリと眉墨で容易に変えることができるのでその時代によって流行の形がある．しかし一般的に黒く（濃く）太い眉は精力的で強い印象を他者に与え，薄く細い眉はおとなしく繊細な印象を人に与える．眉毛を薄く，細くするには毛を抜いたり，剃ったりすればよい．眉毛を黒く見せるには眉墨を使えばよいのだが，それ以外に眉毛の上下を剃り，グラデーションをなくすことによっても眉毛は黒く，きりっとした印象を与えることができる．図6では中央の黒い部分の色はまったく同じであるが，左はグラデーションで徐々に灰色から白色に移行している．そうすると全体が灰色がかって見えるのに対して，右は黒と白の対比がはっきりしているため黒色調がいっそう強調して見える．これも顔の印象を変える重要なテクニックの1つである．

図6　輪郭を整えることによって濃く，引き締まった眉毛になる

　次に色（色相）について考える．網膜には桿体細胞と錐体細胞があり，色覚に関与するのは錐体細胞である．ヒトでは錐体細胞には3種類あり，それぞれ赤，緑，青の波長の光に反応する．われわれはこの3種類の錐体細胞が反応する信号強度の和を色の違いとして認識している．

　ここである色をじっと見つめてからまったく色のない白いところを見ると，その色と正反対の色が残像として見える．これを補色（心理的補色）という．このような補色残像がどのよう

にして起こるかというと，錐体細胞はある色を見た時にその色の補色の信号も同時に脳に送っているからであると考えられている。例えば赤い色を見ると，赤の刺激と同時に補色である緑の信号も脳に送るのである。通常は赤の刺激が強いので脳は赤と認識するが，突然赤の刺激がなくなると，緑の刺激だけが残り，残像として見えるということである。このようなことがなぜ起こっているのかはよくわかっていない。この補色同士を混ぜ合わせると無彩色になる。この補色同士を対面に配置したものを色相環という（図7）。

ではここで顔にしみがあると想定してみる。日本人の肌の色はおおむね図中の赤い矢印の位置である。しみは図の青い矢印の方に色相が偏っていると考えられる。したがってしみの色の補色である青緑色のファンデーションを使用すればしみは目立たなくなるはずだが，実際に肌に青緑色のファンデーションを塗布すると，そのファンデーションの方が目立ってしまう。そこで少しでも正常な肌の色に近づけるために黄色のファンデーションを塗布する。するとしみの色が肌の色に近づいて見える。

これをパワーポイント（PCのプレゼンテーション用ソフトウェア）を利用して再現してみたものが図8である。(a) は化粧する前のしみであると想定する。ここで黄色いファンデーション (b) と肌と同じ色のファンデーション (c) をしみの上に塗布する（ここでは透過率を50％に設定している）。この状態ですでに黄色いファンデーションを塗布した (b) の方が色が薄く見えている。しかし黄色い色が目立つので，ここでさらに肌色のファンデーション（すなわちcで塗布したものと同じ）を (b) と (c) に塗布したものがそれぞれ (d) (e) である。何も塗布していないと比較してもしみが薄く見えるようになったのは当然として，同色のファンデーションを重ね塗りした (e) よりも目立たなく見えるのがわかる。

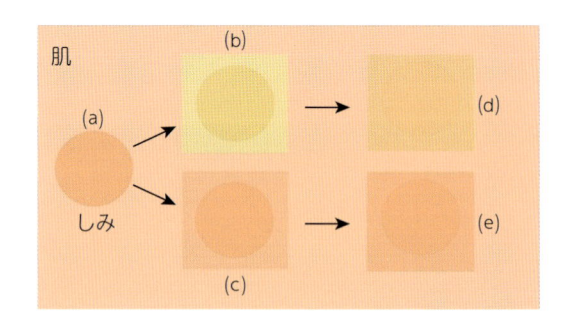

図7　色相環　　図8　ファンデーションによるしみの被覆の原理

メイクアップは単に体に化粧品を塗って色調を整えることだけではない。脳における認知，知覚のシステムを逆手に取り，実際とは異なる様相に思い込ませる技術のことである。脳における認知システムは近年理解が進んでいるとはいえ，まだ未知なるものが多い領域である。認知科学の発展とともにメイクアップの技術も進化し続けなければならない。

第VI章

事　例

事例 1 太田母斑と血管腫
顔面と手

　太田母斑とは生まれつきの青あざであり，思春期になって初めて目立ってくることがある。治療はレーザーが第1選択であるが，レーザー治療が一般的になる前はドライアイス（雪状炭酸）による治療が行われており，そのような症例ではレーザー抵抗性の場合がある。レーザー治療は根治まで数回の照射が必要になる。また，レーザー後に痂疲（かさぶた）を形成することが多いのでそれが剥落するまでの間，何らかの方法でカバーする必要がある。本事例は顔面の右半分に単純性血管腫，左半分に太田母斑があり，体幹ではそれが逆転している。広範囲のものをレーザー治療することは困難を伴うことが多い。

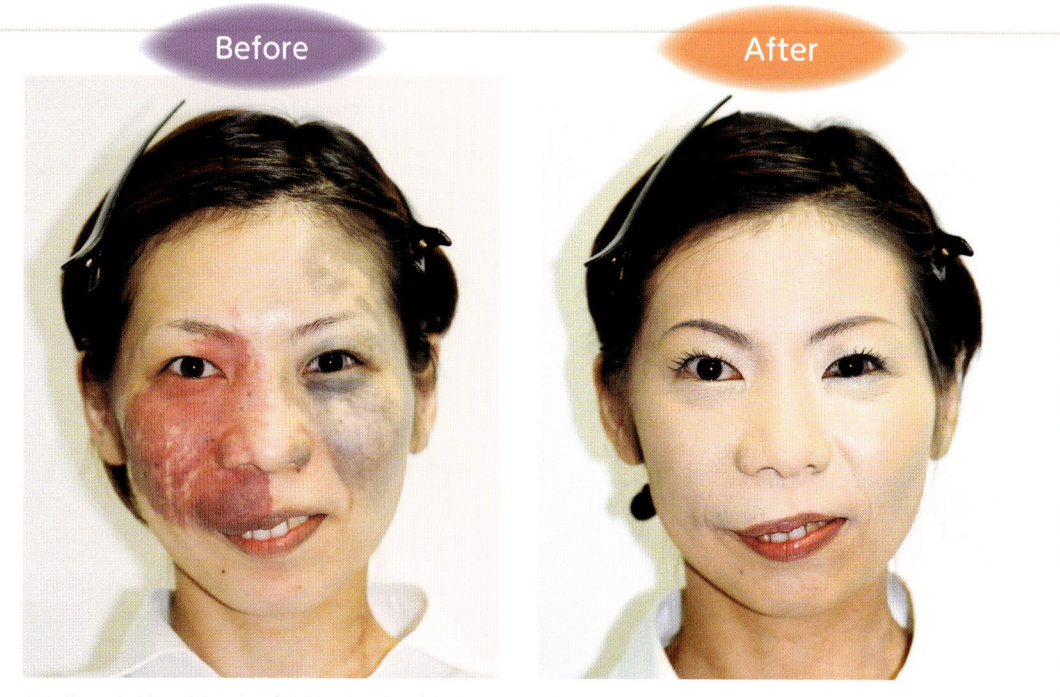

　30歳，女性。顔面右が血管腫，左が太田母斑。顔面の反対側（左）の首と腕にも血管腫がある。血管腫に対して，19歳から28歳の間に顔面に3回，首に2回，腕（ひじ下）に3回，レーザー治療が行われた。太田母斑に対して，19歳時にドライアイスによる治療を受けた。20歳時，血管腫によって腫脹した歯茎にレーザー照射を受けた。血管腫による皮膚の伸展のために右上口唇がやや下方に押し下げられている。外科的な治療は26歳時に一度受けたが，これ以上は希望していない。

特に変化のあった部分

▶右頬～唇の血管腫部
血管腫の赤みを帯びた皮膚は，下地に黄色のファンデーションを使うことで，厚塗りしなくても被覆することができる。ファンデーションを重ねていく際には，そのつどフェイスパウダーをしっかりと塗布することが大切となる。唇は，ファンデーションとフェイスパウダーを塗布した上から口紅で輪郭を取った。

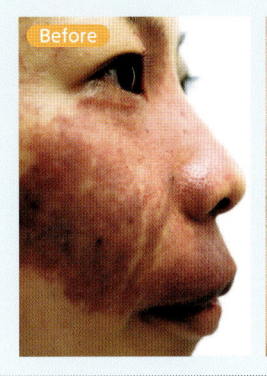

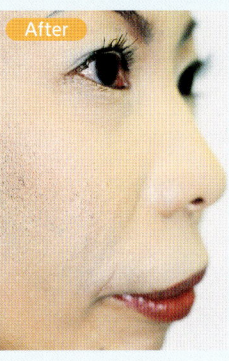

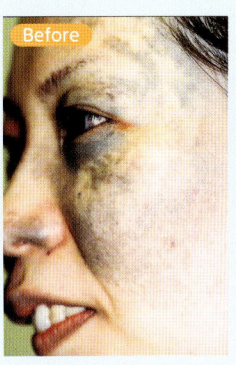

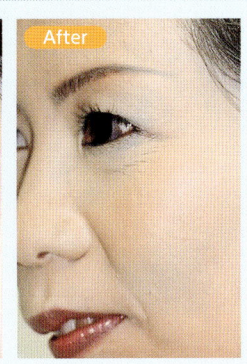

◀ 頬～左眼～こめかみの太田母斑部
太田母斑の青みを帯びた皮膚に対しても，黄色のファンデーションが有効である。太田母斑は目の周囲で色調が濃くなる場合が多いが，皮膚が薄くよく動かす部位であるためメイクが崩れやすく，ファンデーションを塗り重ねることには限度がある。そこで，まぶたの青みをあえて残し，反対側のまぶたには青色のアイシャドーを塗布してバランスをとった。

▶ 腕の血管腫部
血管腫の色が濃いので，被覆力の高い練り状の黄色のファンデーションを下地として用い，フェイスパウダーを塗布する。その上から同様のベージュのファンデーションを塗り重ね，被覆した。その後，フェイスパウダーをしっかりと塗布。衣服などに付着しないように上から水をかけ，水分を押さえた。

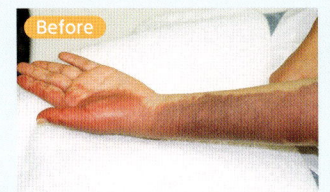

🌸 太田母斑・血管腫のメイク基本方針

　太田母斑は青みを帯びた皮膚，血管腫は赤みを帯びた皮膚であるが，メイクを行う際はこの異なる2色をともに被覆し，均一な色調とすることが要求される。それには，黄色のファンデーションを下地として用いることが効果的である。下地の後は，スポンジを滑らせず，ポンポンと叩くようにしてファンデーションをなじませていく。

事例1のメイクアップ方針

　血管腫の部分は血流が滞りがちなので，血流マッサージを普段からていねいに行うとよい。顔面だけではなく，腕も手から上腕に向かってマッサージすると有効である。若く，皮膚にも張りがあるので，ファンデーションの厚塗りを避けて自然な質感を優先することが肝要である。肌に凹凸がないため，厚塗りしなくとも十分に患部を被覆することができる。完全に被覆することを目的としてファンデーションを濃くすると，見た目が不自然なだけでなく，本人の精神的負担となる。

手　順

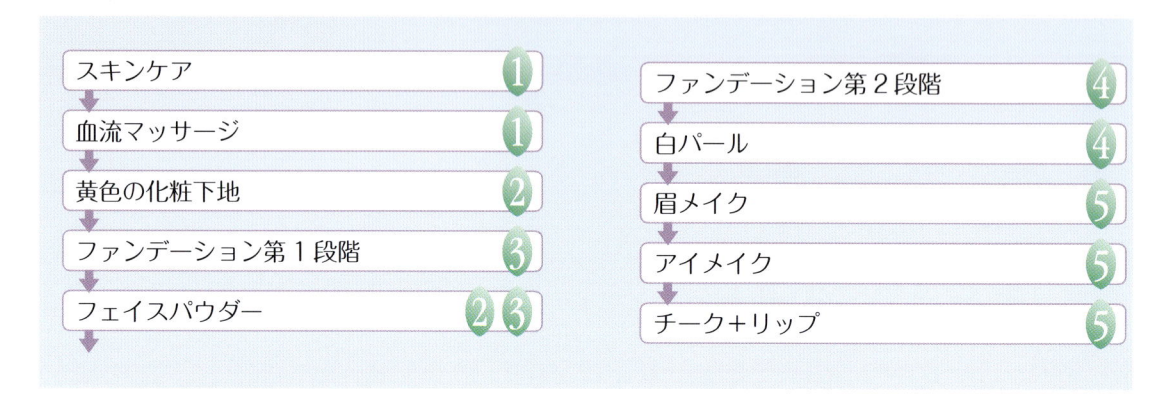

- スキンケア ①
- 血流マッサージ ①
- 黄色の化粧下地 ②
- ファンデーション第1段階 ③
- フェイスパウダー ②③

- ファンデーション第2段階 ④
- 白パール ④
- 眉メイク ⑤
- アイメイク ⑤
- チーク+リップ ⑤

① スクワランオイルで肌を整え，血流マッサージを行う

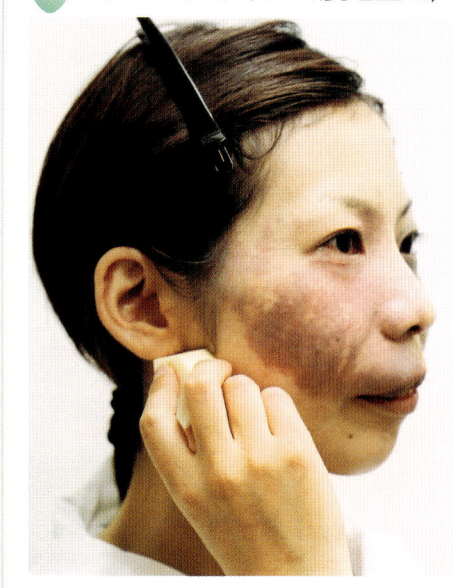

　洗顔後の濡れたままの皮膚にスクワランオイルを塗布し，タオルで軽く押さえる。その後，化粧水で水分を補い，さらに美容液・乳液などでしっかりと保湿をしてから，血流マッサージを行う。保湿が十分でないと，ファンデーションののりが悪くなる。

❷ 黄色のファンデーションでベースを整え，パウダーで押さえる

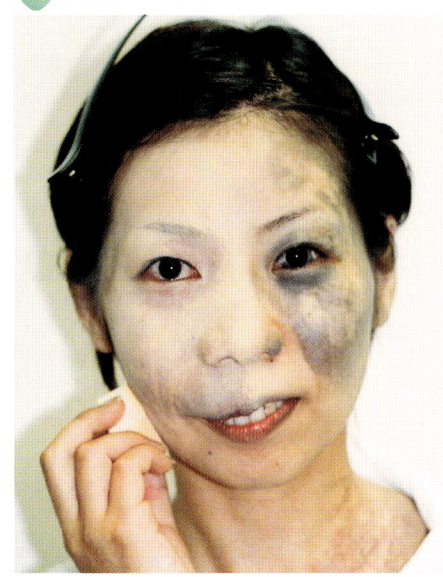

　メイク用のスポンジに，被覆力の高い練り状の黄色のファンデーションを取り，スクワランオイルを数滴加えて手のひらでよくなじませてから，顔全体に均一に塗布する（被覆力の高いファンデーションは粉黛を多く含むことが多く，肌上で伸びにくい場合にはスクワランオイルを加えるとよい）。「ファンデーションの基本手順」（p93）に準じて行う。その後，フェイスパウダーをパフに取り，顔全体にしっかり塗布し，フェイスブラシで払う。

　右の血管腫部は1回で問題ないが，左の太田母斑部の青みは時間経過により浮き上がったように見えてしまうことがあるため，2度繰り返す。

❸ カバータイプとクリームタイプのファンデーションを塗布し，整える

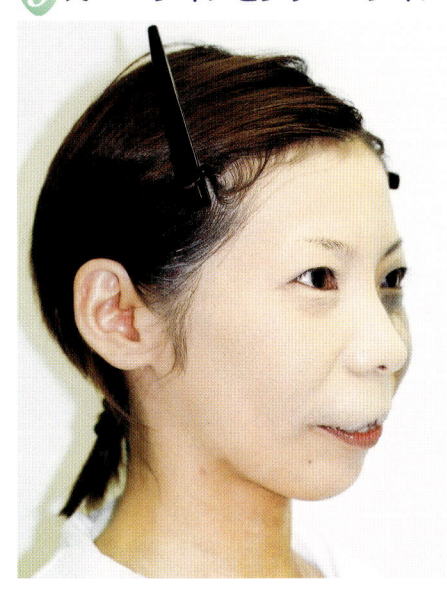

　被覆力の高いファンデーションに，伸びをよくするクリームタイプをよく混ぜ，顔全体に塗布する。その後，フェイスパウダーを塗布してフェイスブラシで払う。

❹ ファンデーション第2段階

　被覆力の高いベージュのファンデーションをさらにスポンジに取り，患部にポンポンと叩くように塗布する。目の際は，塗り残しのないようぎりぎりまで塗布する。フェイスパウダーで押さえたら，TゾーンとCゾーンにパールのパウダーを塗布し，軽い質感にしていく。

⑤ 眉を描いた後，ポイントメイクを行う

アイシャドー，アイラインを入れ，マスカラをつける。左瞼が太田母斑で青みがかっているため，右瞼に青色のシャドーを塗布してバランスを取る。その後，頬紅を入れ，口紅で輪郭を取る。

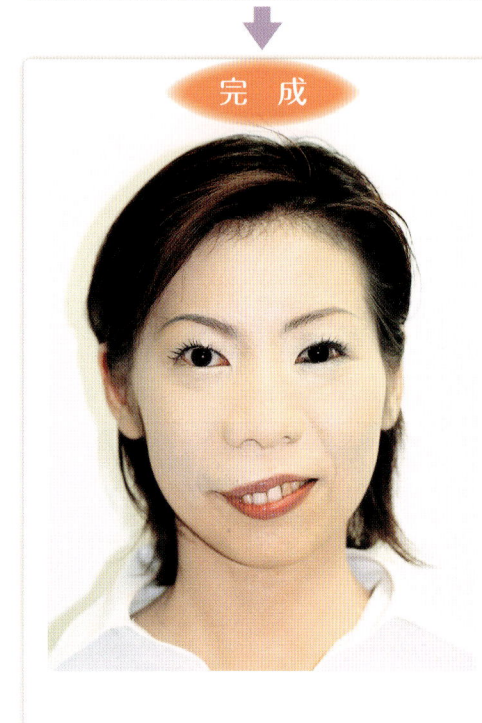

完成

皮膚の赤み，青みがともに被覆され，均一な肌の色調となっている。瞼上の太田母斑の青みは被覆するのではなく，アイシャドーとしてその色を利用した。首と腕にも血管腫が見られたため，生活上の負担を軽減させる目的で被覆した。

本人のコメント

◆満足している点

　これまで，かなり厚塗りをしないと隠れないと思っていましたが，薄づきなのに，患部がきちんと隠れていることに驚きました。下地に黄色のファンデーションを塗布することによって，厚塗りしなくても自然な感じで隠れることがわかりました。肌がさらっとしていてべたべたせず，化粧崩れしないこともありがたいです。また，眉をきれいに整えてもらったのが嬉しかった。眉だけで，ずいぶん印象が変わることがわかりました。

◆生活や心の変化
　短時間でここまできれいになれるメイクアップテクニックがあるとは，これまで思わなかったです。実際に体験してみて，これなら自分でもできるようになるかもしれないと思い，練習して身につけようという気持ちになりました。

事例 2 血管腫
顔面の単純性血管腫

　単純性血管腫とは，血管腫の中で平坦で紅色を呈するものである。レーザーによる治療の適応もある。レーザーは数年前の機種では有効率が低かったが，現在使用されているものの有効率は以前よりかなり改善した。それでも色が赤黒いものや手のひらにあるものなどはレーザーによる治療が困難である。海綿状血管腫と異なり，全体が膨隆することはないので，メイクの主眼は皮膚の色調を整えることにある。しかし皮膚表面の性状は正常皮膚と異なるため，単にファンデーションで被覆するだけではきれいに色を消すことができない。レーザー治療中もメイクが有効である。

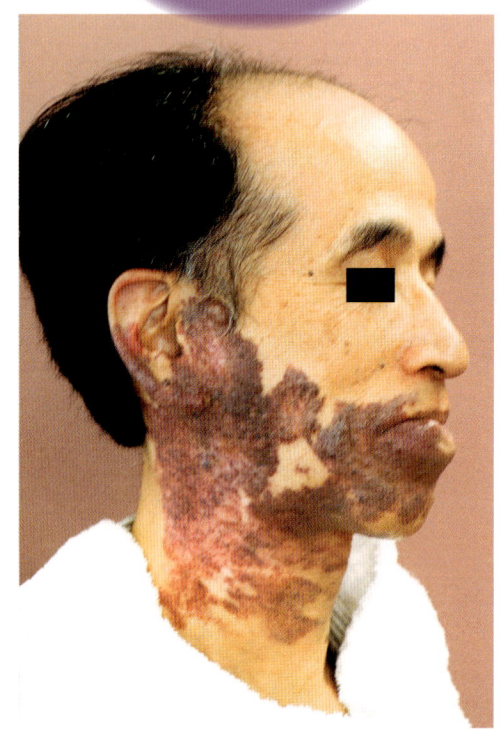

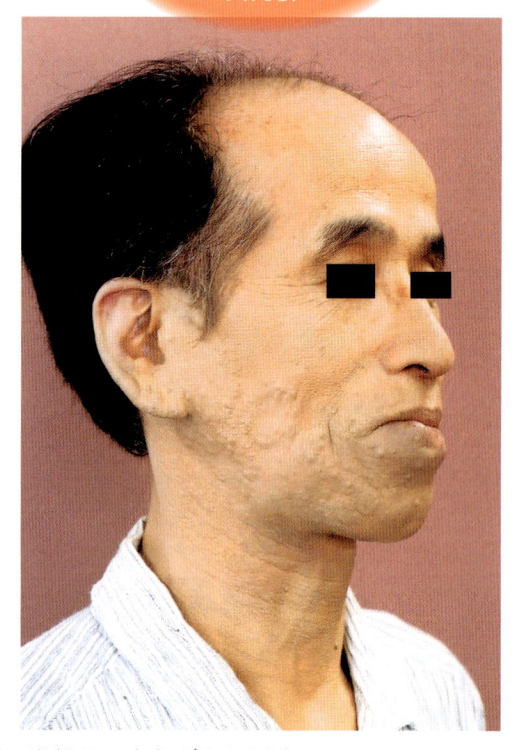

Before　　　　　　After

59歳，男性。右顔面および頸部の単純性血管腫。患部は，赤色がかなり強い。

血管腫のメイク基本方針

　血管腫部は皮膚が乾燥しがちなので，メイク前に必ずスクワランオイルを塗布し保湿する。血管腫特有の赤みを帯びた皮膚を被覆するためには，黄色のファンデーションが有効である。上に重ねるベージュのファンデーションの発色がよくなり，結果的に厚く塗り重ねることなく患部を被覆できる。

一度で被覆しようとせず，ファンデーション→フェイスパウダーというプロセスを繰り返すことが，不自然にならずに被覆するポイントである．

事例2のメイクアップ方針

　男性の場合，顔全体にファンデーションを塗るのには抵抗があるかもしれないが，患部だけに塗るとかえって違和感があるので，バランスを見ながら全体に塗布していくことが必要である．本来の肌色に近づけるため，ベージュの練り状のファンデーションに明度の低いベージュのファンデーションを混ぜる．凸凹のある血管腫部は，少量のファンデーションを塗布し，余分な粉黛を取ることを繰り返し，自然に被覆を行う．口唇の一部と血管腫の境界が不明瞭なため，ファンデーションで輪郭を形どる．

手　順

❶ スキンケア	ふきとり洗顔で肌を整える．
❷ 血流マッサージ	血流マッサージを行う．
❸ 黄色の化粧下地	下地は乳液タイプの代わりに，被覆力の高い練り状の黄色のファンデーションをスポンジで塗布する．
❹ フェイスパウダー	フェイスパウダーを塗布し，払う．
❺ ファンデーション第1段階	被覆力の高い練り状のベージュのファンデーションに，濃い茶色のファンデーションを混ぜ色みの調整を行う．患部を中心に，顔全体に塗布する．
❻ フェイスパウダー	フェイスパウダーを塗布し，払う．
❼ ファンデーション第2段階	患部の被覆のため，部分的に被覆力の高い練り状のベージュのファンデーションを塗布し，フェイスパウダーを塗布するという工程を繰り返す．
❽ リップ	自然な口唇にするため，少量の口紅で輪郭を取り，上から茶色のシャドーで軽く押さえる．

結果および本人の変化　最終的に本来の皮膚の質感に近い仕上がりとなり，血管腫との境界も目立たなくなった．本人からも「化粧をしているという違和感がない」と，満足が得られた．帰宅後，患者の母親が患者の顔を見て感涙にむせんだという．本人のみならず患者の家族の痛切な心情を改めて考慮させられた．

事例 3 海綿状血管腫

　海綿状血管腫は血管が増殖している病態である。いちご状血管腫と異なり成長の過程で消失することはなく，逆に病変が増大することも多い。また平坦な単純性血管腫と違い，塊りを形成し，皮膚表面の色調の改善目的以外のレーザー治療は無効である。体表面に血管腫が露出していないこともあるが，露出した場合は皮膚の色調だけでなく質感も異なってくる。また血管腫の膨隆による形態変化も問題となる。

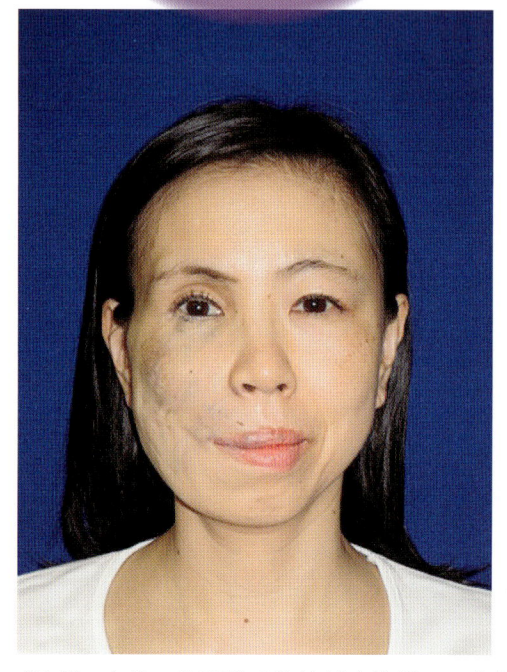

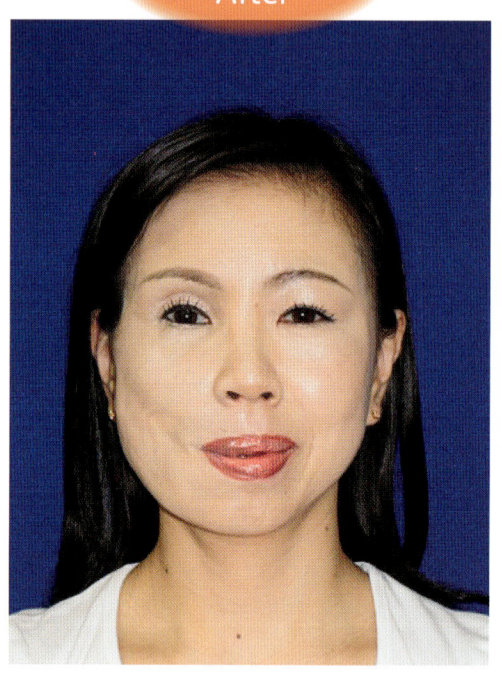

Before　　　　　　　　　After

　47歳，女性。先天性の海綿状血管腫で，右頬部，右下眼瞼，右口唇部に青紫色の血管腫があり，凹凸も目立つ。6歳から20歳までに摘出手術を12回以上，レーザー治療を2回行った。現在，手術は検討していない。

本人が気になっているところ　顔の左右差や右下眼瞼の凹部，患部の青みが気になる。

海綿状血管腫のメイク基本方針

　海綿状血管腫は皮膚の色調の違いだけでなく，凹凸があるため，血流マッサージを十分に行い，浮

腫を軽減することが重要である。色調の違いに対しては黄色の化粧下地を用いて被覆する。その後，被覆力の高いファンデーションを塗布するが，患部が一部に集中している場合でも広範囲にファンデーションを塗布し，部分的に厚く見えないように注意する。

事例3のメイクアップ方針

　左右の非対称を解消するため，テープを貼付し，右顔が特に引き上がるようにする。テープの貼付により，凹凸がフラットに見える可能性もある。右眼瞼上部は凹みがあり，左眼と比較して右眼はわずかに大きく見えていたため，左眼瞼のみへ三角形のテープを貼付し大きく見せ，右眼はアイラインを太めに描き小さく見せることで左右対称に近づける。右口唇は本人のリップラインよりも大きめに口紅を塗布し，ゆがみのないように見せた。

　肌の色調については，明度・彩度の低い青色の血管腫が右顔に集中していたが，黄色の化粧下地，ファンデーションで被覆することが可能で，左顔も同様のファンデーションを塗布する。

手　順

手順	内容
❶ スキンケア	ふきとり洗顔で肌を整える。
❷ 血流マッサージ	血流マッサージを行う。
❸ かづき・デザインテープ®	右顔耳前部，耳後部に下から上に引き上げるように1枚ずつ，こめかみから額方向に引き上げるように2枚貼付する。左顔は，耳前部，耳後部に1枚ずつ，こめかみから額方向には1枚貼付する。左眼瞼へ三角形のテープを貼付し，左右を揃えた。
❹ 黄色の化粧下地	乳液タイプの黄色の化粧下地を2度塗布する。
❺ フェイスパウダー	フェイスパウダーを塗布し，払う。
❻ ファンデーション第1段階	練り状の黄色とベージュと被覆力の高いオレンジのファンデーションを混ぜ，塗布する。
❼ フェイスパウダー	フェイスパウダーを塗布し，払う。
❽ ファンデーション第2段階	Cゾーンに被覆力の高い練り状のファンデーション3色を混ぜ，血色を良く見せるよう塗布していく。上からフェイスパウダーを塗布する。
❾ チーク	光沢のあるパウダーを混ぜたチークをのせる。
❿ 眉メイク・アイメイク・リップ	

事例 4 ケロイド

　ケロイドはニキビ（尋常性痤瘡）や虫刺されなど，小さな傷あとが徐々に拡大して赤く盛り上がる疾患である。後発部位は前胸部，肩部，恥骨部などである。治療はステロイドの外用，局所注射，圧迫療法などであり，赤みを取るためにレーザー治療を試みることがある。単なる外科的切除は症状を悪化させるだけなので通常禁忌だが，切除後に放射線（電子線）を照射することによって根治が期待できる。いずれにせよ外観の改善まで時間がかかるので，それまでの間メイクをすることは大切である。

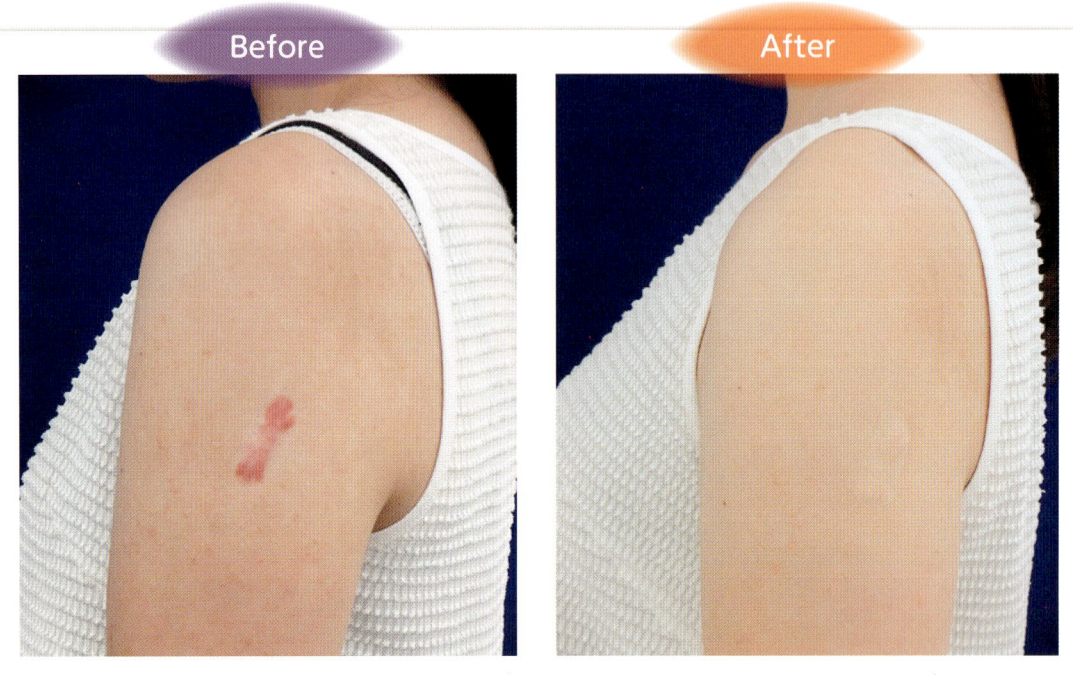

Before / **After**

　28歳，女性。10代の時の尋常性痤瘡痕がケロイドになった。2年前よりレーザー治療を開始し，数日後にもレーザー照射を予定している。1カ月後に自身の結婚式があるため，医師よりリハビリメイクを紹介された。

本人が気になっているところ　ケロイドの赤みが気になる。

ケロイドのメイク基本方針

　ケロイドは皮膚凹凸と色調の違いの両方を伴う。まず，患部の大きさに合わせテープを貼付し，凹凸が軽減した様子を患者に見せる。その後，ファンデーションで被覆する。また，テープを貼らず，

ファンデーションによる被覆のみを行った患部も見せる。両方の施術後の患部を患者に見せて，仕上がりの好みや実際に自身でメイクをする際の手間などを含めてどちらを希望するかを決めてもらい，最終的に両側の腕全体をメイクする。ケロイドの赤や茶褐色の色調は，赤色に黄色を混ぜるとベージュになるのと同様に，黄色のファンデーションの塗布が非常に効果的である。

事例4のメイクアップ方針

レーザー治療中であることから，結婚式というイベントのためだけではなく，日常的な被覆を必要としていると考える。日常生活でメイクするにあたり，時間的・精神的負担が少ない方法を提案することが望ましい。

手順

手順	内容
❶ スキンケア	コットンに化粧水とスクワランオイルを含ませ肌を整える。
❷ かづき・デザインテープ®	患部のふくらみを押さえるように，テープを貼付する。
❸ ファンデーション第1段階	練り状の黄色とベージュのファンデーションを混ぜ，患部に塗布する。
❹ フェイスパウダー	フェイスパウダーを塗布し，払う。
❺ ファンデーション第2段階	練り状のベージュのファンデーションに，被覆力の高いオレンジ色のファンデーションを混ぜ色みを調整後，赤く目立つ部分にメイク用スポンジでポンポンと塗布する。
❻ フェイスパウダー	フェイスパウダーをはたく。水をかけ，ティッシュペーパーで押さえて粉黛を密着させ，さらに化粧崩れを防ぐ。

結果および本人の変化　メイク後，「ノースリーブを着て出かけたい」とのコメントがあり，言動の変化が見られた。

事例 5　口唇裂口蓋裂

　口唇裂，口蓋裂はともに原因不明の先天性疾患であり，それぞれ上口唇，口蓋に裂を有したまま生まれる疾患である。わが国では500〜600出生に1例と，比較的頻度の高い疾患である。口唇裂は生後3カ月頃，口蓋裂は生後1歳6カ月頃に初回手術を行うことが一般的だが，口唇裂と口蓋裂の両方存在する患児や裂隙が大きく術前矯正が必要な患者では，手術時期は前後する。この疾患に対しては，上口唇の手術瘢痕だけでなく赤唇や鼻の形態を美しく見せることが大切である。

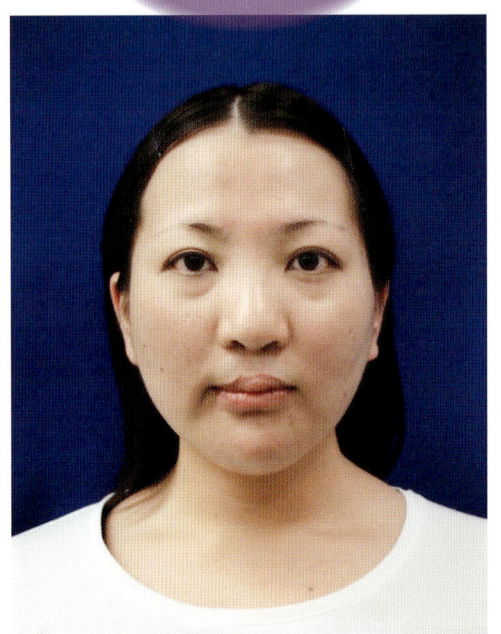

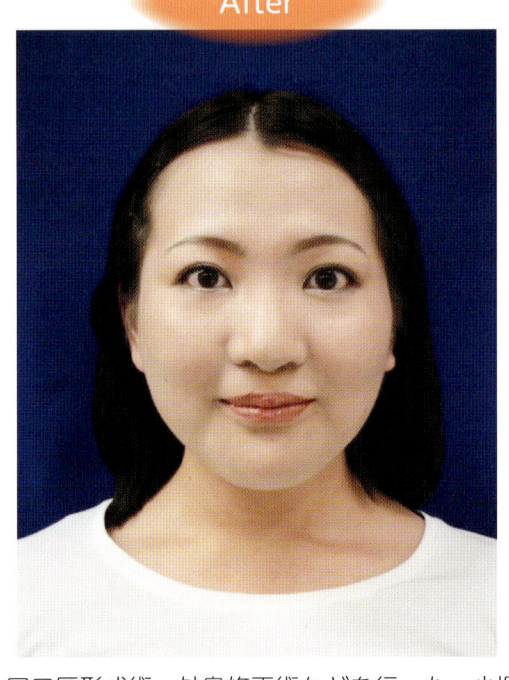

Before / **After**

　25歳，女性。口唇口蓋裂のため，生後より8回口唇形成術，外鼻修正術などを行った。小児期には言語聴覚外来にて構音訓練を行っていた期間もある。

本人が気になっているところ　手術痕と唇が左右非対称であること。

特に変化のあった部分

▶ 口元
ファンデーションで被覆した後、立体的に見せるため人中に光らない茶色のシャドーを入れたことで、わずかな瘢痕が目立たなくなった。また、腫れているように見える口唇のリップラインが明確になり、自然な印象となった。

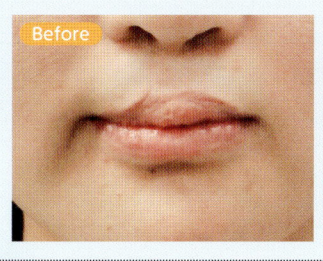

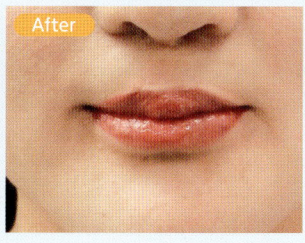

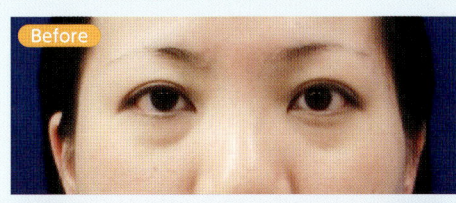

◀ 目元
チャームポイントを生かすよう、眉や目元を華やかな印象に仕上げたことで、患部に視線が移らないようになった。

口唇裂口蓋裂のメイク基本方針

「子供を産んだ自分が悪いのではないか」と母親が自責の念を負っていることがあるため、患者のみでなく母親に対しての精神的フォローを行う場合もある。最新の形成外科手術では、非常にきれいな形態にすることができるが、わずかな傷あとともばれたくないと他人の視線を気にする患者も多い。それらは、テープの貼付やファンデーションで被覆できることを説明し、安心感を与えることも効果的である。リハビリメイク施術時はフルメイクを行うが、日常生活では必ずしも全て行う必要はなく、テープのみやメイクのみなど患者の生活スタイルに合わせるよう伝える。また、不明瞭になっているリップラインを明確にするように口紅を塗布するとさらに自然な印象になる。

事例 5 のメイクアップ方針

患部にテープを貼付した後、鏡を見せ、テープだけでも目立たなくなることを確認してもらう。この方の場合、若く皮膚色も均等であるため、顔全体は化粧下地のみで薄付きに仕上げ、満足度を向上させる。患部に対しては、被覆力の高い練り状のファンデーションをリップブラシで塗布し、人中に茶色のパウダーを塗布し影のように見せると、錯視効果で立体的に見える。また、口唇はリップブラシとリップライナーペンシルを用い、ラインを明確にする。この方法だと、患者がためらってしまいがちな薄づきの口紅やグロスも使用でき、選択肢が広がることから患者のQOLも向上する。

手 順

- スキンケア
- 血流マッサージ
- かづき・デザインテープ®
- 黄色の化粧下地
- フェイスパウダー
- 患部の被覆 ❶❷

- ファンデーション第2段階
- チーク＋白パール
- 眉メイク
- アイメイク
- リップ ❸❹

❶ 患部に被覆力の高いファンデーションを塗布する

　基本の手順で肌づくりを終えたら，被覆力の高いファンデーションを細筆に取り，患部に塗布する。

❷ 人中にシャドーを入れる

　人中部分に光らない茶色のシャドーを縦方向に入れ，自然な影を表現する。

③ リップペンシルで唇のラインを描く

基本の手順でリップを塗った後,リップペンシルでラインを描き,補整する。

④ 唇にシャドーをのせ,自然な色調にする

少し色調を落ち着かせ崩れにくくするため,軽くティッシュオフした後,オレンジ系のシャドーをブラシでのせる。その後,グロスをのせ艶を出す。

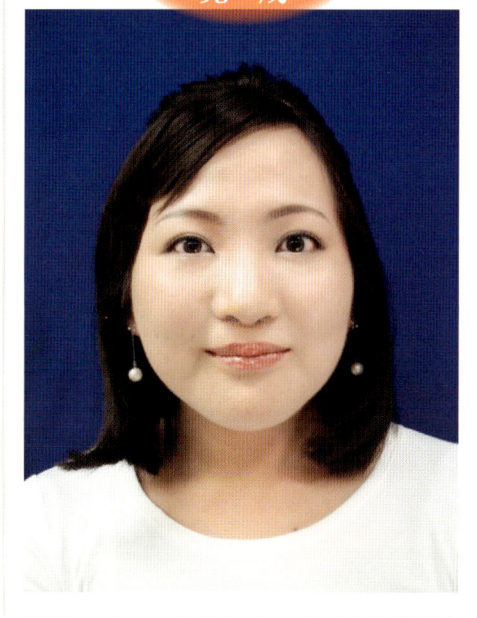

完 成

患部はまったく目立たなくなったばかりか,全体的にはつらつとした印象になった。

結果および本人の変化　今自分がしているメイクよりも手術痕を気にすることのないメイクを受け,学べたらなという気持ちでした。ドキドキでしたが,みなさんとても優しくリラックスできました。最初メイクが濃い気がしましたが,よくみると丸顔が引き締まり,メイクでここまで変わる事ができるのだなと感じました。

　数カ月経ち,現在,自分なりに見直してメイクをしています。以前よりもマスクをして外出することが減りました。メイクで前向きになれる力を信じて頑張っていこうと思います。

事例5　口唇裂口蓋裂　123

事例6 熱傷後瘢痕　陳旧例

　熱傷とは熱による皮膚の損傷のことである．熱傷創面にはメイクアップができないので，メイクアップは創が完全に治癒してから熱傷瘢痕の上に，あるいは熱傷創面状の植皮や皮弁にメイクアップを行うことになる．熱傷瘢痕は健常皮膚に比べて凹凸が大きく，また色素沈着を起こしている．また健康な皮膚に比べて皮膚が薄く，乾燥していることが多いため，前処置を行ってからでないとファンデーションが乗りにくい．また，古い熱傷瘢痕上に生じた皮膚潰瘍は皮膚癌が発症していることもあるので，傷があるときは医師の意見を聞いてから行うべきであろう．

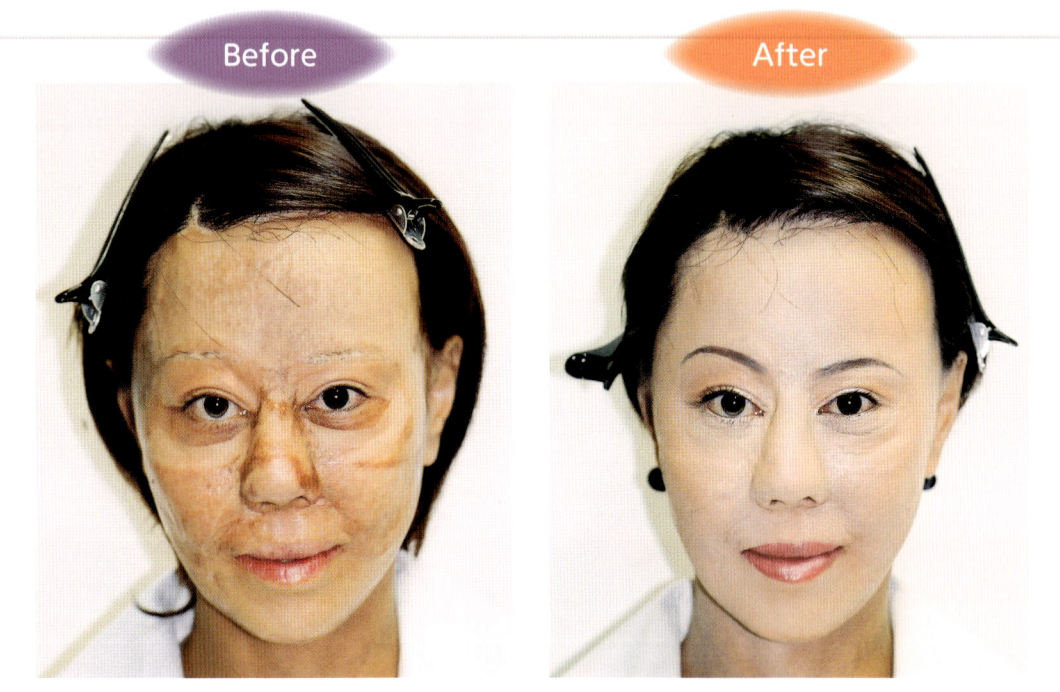

Before / **After**

　34歳，女性．1歳で受傷し，3歳まで7回にわたって植皮術を受けた．その後，14歳から20歳まで10回にわたり植皮術が施行された．30歳の時，下眼瞼および頭部の植皮術を受けた．同年から皮膚の色調の差を目立たなくする目的でレーザー照射およびハイドロキシン塗布による治療を受けている．そのほか，鼻の再建手術，眉部分の植皮術を受けている．

❁ 顔面の熱傷瘢痕のメイク基本方針

　熱傷後の瘢痕部は，一般的に乾燥し，肌理が薄い状態でファンデーションがなじみにくいので，メイク前に水分と油分を十分に皮膚に補給することが重要である．熱傷後の瘢痕には皮膚変色を伴う瘢痕，凹凸を伴う瘢痕，両方を伴う瘢痕がある．皮膚変色はファンデーションを用いて，凹凸はテープ

特に変化のあった部分

▶ 目の下
帯状の皮膚移植部は質感・色調ともに周囲との差が大きかったが，メイク後は，ほぼ均一の色調となった．1種類のファンデーションで被覆するのではなく，色み・明度・彩度の異なる複数の色，練り状・固形・クリームタイプなど形状の異なるファンデーションを用いることで，皮膚の段差や質感の違いも目立たなくなった．

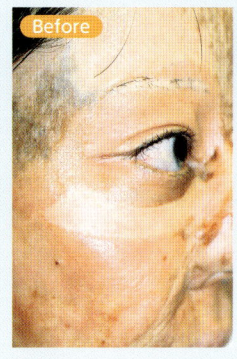

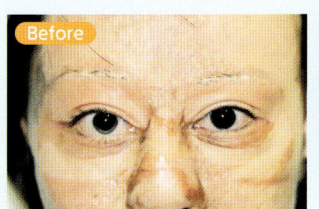

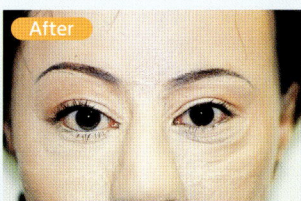

▶ 眉・目元
顔立ちに合った眉を描くことで顔全体の印象を大きく変えることができる．本事例では眉の部分に植皮が行われているが，眉毛がほとんどないため，アイブロウペンシルで基本となる全体のラインを描いた後，手順に従って描いた．また，目尻寄りにアイラインを入れたことで，この方のチャームポイントである大きな目がより引き立っている．

▶ 頬～唇
頬は乾燥のため，かたい質感となっていたが，スクワランオイルの塗布と血流マッサージによってやわらかい質感になった．継続することで，より肌も柔軟になっていく．上口唇側の輪郭がはっきりしていないため，ファンデーションとフェイスパウダーを塗布した上から口紅で輪郭を取っている．

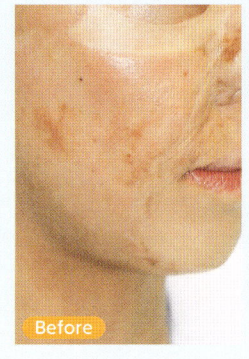

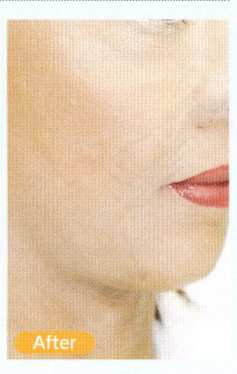

を用いて被覆することが可能である．両方を伴う場合は，テープの貼付後にファンデーションを塗布する．

　植皮による凹凸がある場合，皮膚の段差を目立たなくするため，テープの貼付以外にもファンデーションとフェイスパウダーを交互に塗布するプロセスを繰り返す方法もある．この際，スポンジや細筆を上手に活用し，より自然に凹凸を被覆することを目指す．

　また，眉毛が脱毛している場合はアイブロウペンシルで描いたり，まつ毛が脱毛している場合はつけまつげを付けることで健康的な印象になり，満足度も上がる．

事例6のメイクアップ方針

　幼少時に受傷していること，また本人の前向きな生き方によって，傷の受容がある程度なされている。こうした場合，施術者は患部を被覆することのみに専心するのではなく，本人のチャームポイント（この場合は目元）を十分に活かすメイクアップを行うことが，本人の満足につながる。

手　順

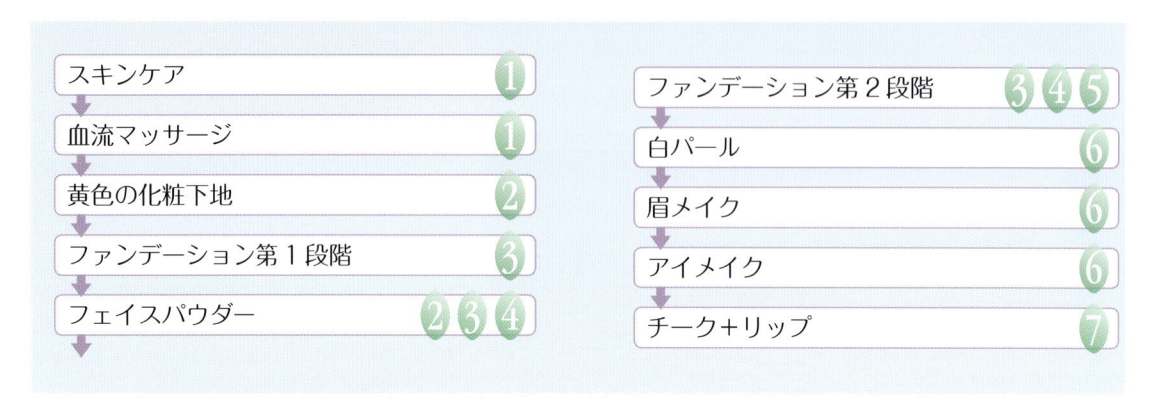

スキンケア	①
血流マッサージ	①
黄色の化粧下地	②
ファンデーション第1段階	③
フェイスパウダー	②③④

ファンデーション第2段階	③④⑤
白パール	⑥
眉メイク	⑥
アイメイク	⑥
チーク+リップ	⑦

① スクワランオイルで肌を整え，血流マッサージを行う

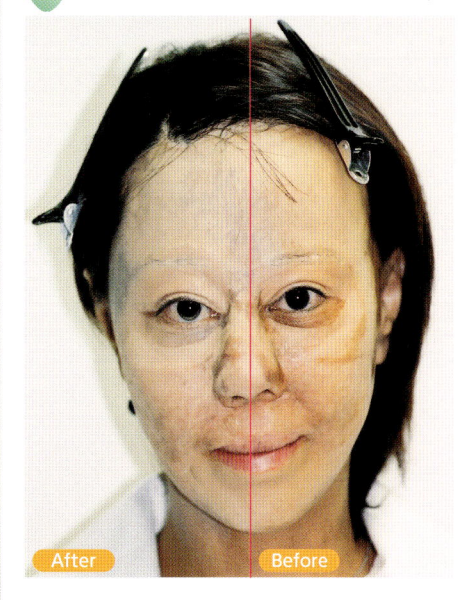

　洗顔後の濡れたままの皮膚にスクワランオイルを塗布し，タオルで軽く押さえる。その後，化粧水で水分を補い，さらに美容液・乳液などで保湿をし，肌を柔軟にしてから，美容液を用いて血流マッサージを行う。

② 練り状のファンデーションを塗布し，パウダーで押さえる

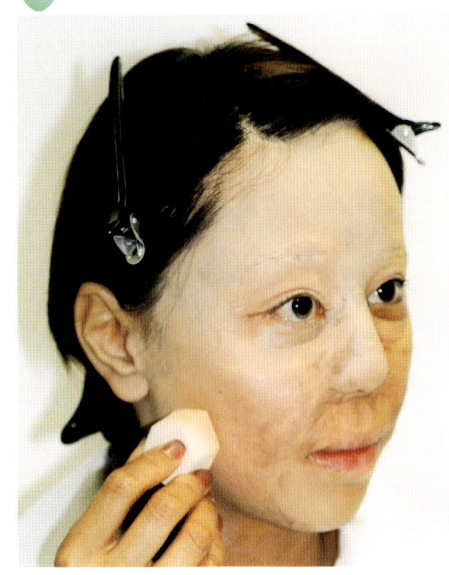

　メイク用のスポンジに，被覆力の高い練り状の黄色のファンデーションを取り，のびを良くするためスクワランオイルを数滴加えて手のひらでよくなじませてから，顔全体に均一に塗布する。「ファンデーションの基本手順」(p93) に準じて行う。その後，フェイスパウダーをパフに取り，顔全体にしっかり塗布し，フェイスブラシで払う。

⬇

③ パウダータイプとクリームタイプのベージュのファンデーションを混ぜ合わせて全体に塗布したら，再びフェイスパウダーをはたく

⬇

④ 細筆を用いて皮膚の段差を被覆し，指でなじませる

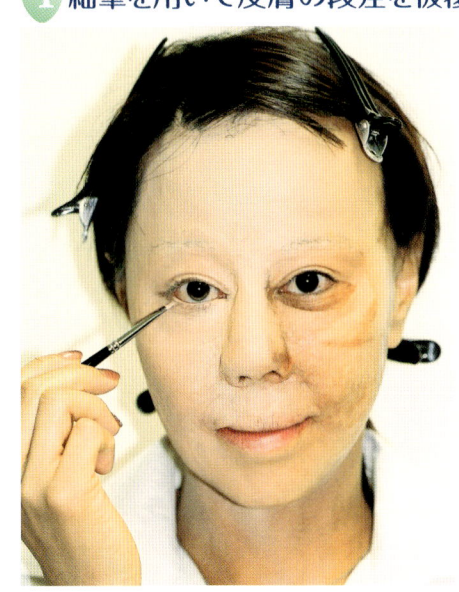

　何度かファンデーションを塗布する工程を繰り返し，患部が目立たなくなっていることを確認する。皮膚に段差のある部分は，口紅やアイラインに用いる細筆に被覆力の高いファンデーションを取り，塗布する。塗布した部分を指でそっと押さえてなじませ，密着させる。この時，こすらないように注意する。その後，フェイスパウダーを塗布し，余分な粉をフェイスブラシで払う。

⬇

事例6　熱傷後瘢痕　陳旧例

⑤ ファンデーションのついていないスポンジで，肌の上を軽く滑らせファンデーションを軽く落とす

こうすることで，ファンデーションが肌により密着し凹凸が目立たなくなる。患部が露出してきた部分には，手順④の工程を行う。

⬇

⑥ 白パールを指に取り，TゾーンとCゾーンに塗布する

質感を軽くしていく。その後「眉メイクの基本手順」（p98），「アイメイク」（p99）を行う。

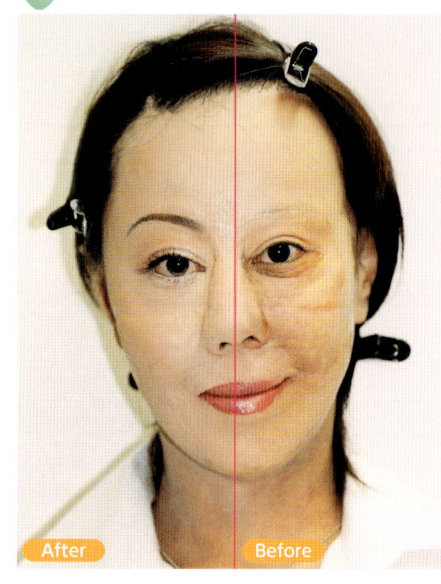

⬇

⑦ 頬紅，口紅を塗布する

広範囲にわたる熱傷の場合は，オレンジ色の頬紅を使用すると肌色になじみやすく，自然に仕上がる。口紅は，口唇も受傷し乾燥しているため，保湿剤を混ぜた下地を塗布してから口紅を塗ると発色がよく，崩れにくい。下地は口紅用の筆に練り状のファンデーション，少量のスクワランオイル，口紅を取って手のひらでよく混ぜ合わせてつくる。これを口唇に塗布し，ティッシュなどで押さえて油分を取り，フェイスパウダーを上から塗布して崩れないようにする。その後，改めて口紅を塗布する。

⬇

完 成

　植皮による皮膚の色調の違いはファンデーションによって改善された。凹凸に関しては，完全ではないが，素顔に比べてかなり目立たなくなっている。目と眉に適切なメイクアップを行ったことで，視線が目元に向かい，結果として患部が目立たなくなるとともに，この患者本来の魅力が前面に現われ，生き生きとした顔となった。

本人のコメント

◆満足している点

　これまでは「隠す」ためのメイクにしか縁がありませんでした。高校生くらいから「きれいになる」ためのメイクに憧れていましたが，熱傷の患者に教えてくれる場所はどこにもなかった。今回リハビリメイクを経験して，ファンデーションで患部をカバーした後に「さぁ，ここからだよ。きれいになるからね」と言ってもらえたのが本当に嬉しかったです。眉や目元をきれいに整えてもらって，やっと自分も普通のメイクができたのだと思いました。初めてお化粧が楽しいと思うことができました。

◆生活や心の変化

　手術を何度も繰り返しているときがなくなり，どこでやめればいいかの判断がつかなくなってきます。手術以外にも，納得のいく外観を作る"メイクアップ"という方法があることを知ったことは，今後，手術をする・しないの判断をする際の参考になると思いました。また，メイクで心が前向きになれると知って，現在，教室に通って本格的にリハビリメイクの勉強をしています。いつか同じような苦しみをもつ人の役に立ちたいという目標ができました。

事例6　熱傷後瘢痕　陳旧例

事例 7 熱傷後色素異常
色素脱出，色素沈着

　熱傷は深さによってⅠ～Ⅲ度に分類される．一番浅いⅠ度熱傷と浅達性Ⅱ度熱傷は傷あとにならないとされているが，浅達性Ⅱ度熱傷でも熱傷治癒後に色素沈着や色素脱出を認めることがあり，メイクの対象となる．外傷後の色素脱出に対しては有効な治療法がない．時間経過により改善することが多いが，下腿は皮膚のターンオーバーが遅いので数年間このような状態が続くことがある．

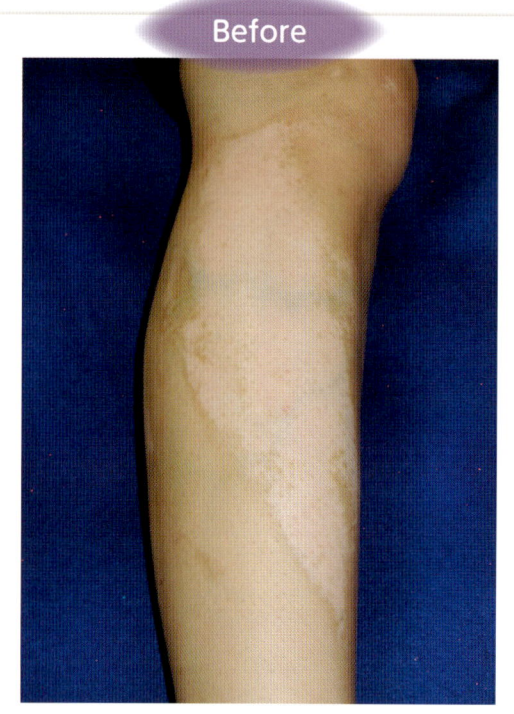

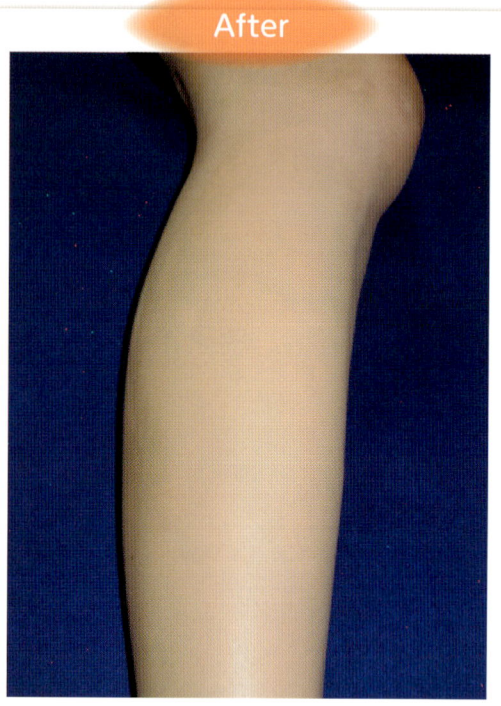

Before / **After**

　28歳，女性．26歳時，勤務中に熱湯がかかった．忙しかったため5分ほど冷やした後すぐ勤務に戻り，受傷から約4時間後に受診した．治療後，医師の指示で保湿剤の塗布を続けた．

本人が気になっているところ　普段は気にならないが，夏に素足を出す際や冠婚葬祭でスカートを履く際に，気になる．

特に変化のあった部分

▶ **色調の違い**
瘢痕部は広範囲に白く色みが抜けているが，色素沈着様の色みも混在している。このような色調の違いに対して，本来より複数の色や形状の異なるファンデーションを用いているリハビリメイクでは，ファンデーションの混ぜる比率や塗布量を調整することで，容易に被覆することができる。

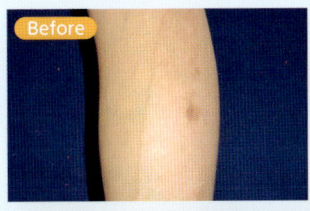

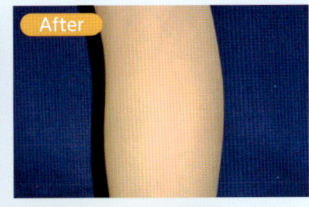

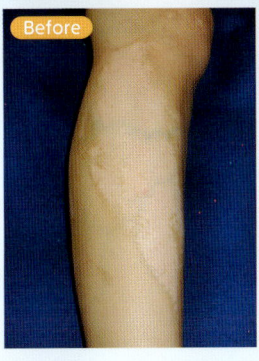

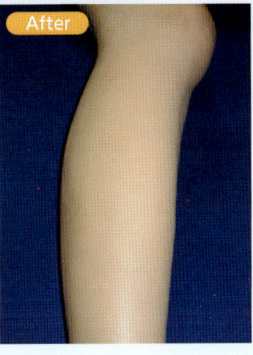

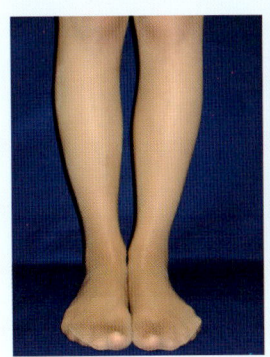

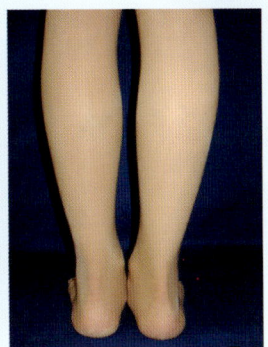

◀ **全体の印象**
瘢痕部は均等の色調になり，痛々しさがなくなった。

ストッキングを着用した状態

熱傷瘢痕のメイク基本方針

　前述した通り，熱傷後の皮膚は乾燥していることが多いため，保湿を十分に行った後にメイクを行う。熱傷後の瘢痕には皮膚変色を伴う瘢痕，凹凸を伴う瘢痕，両方を伴う瘢痕がある。体部・四肢の場合も顔面部と同様，皮膚変色はファンデーションで，凹凸はテープの貼付で，両方を伴う場合はテープの貼付後にファンデーションを塗布することで，被覆することが可能である。
　瘢痕部が部分的な場合，瘢痕部のみをメイクすると，健常者が通常メイクを行わない部分にメイクをしているという"うしろめたさ"を感じることがある。広範囲にメイクを行うと，被覆したというよりも"きれいになった"という印象が強くなり，うしろめたさは払拭されることが多い。片側の場合においても同様の理由で，両側のメイクを行う。

事例7　熱傷後色素異常

事例7のメイクアップ方針

　皮膚表面が乾燥していたため保湿を十分に行う。この方の場合，患部に凹凸がなく皮膚の変色のみだったため，テープは不要と判断できる。広範囲に白く抜けていた瘢痕部は，周囲の皮膚の色調に合わせてファンデーションの塗布を行う。皮膚表面は肌理がなくファンデーションがのりにくい状態であったが，粉黛の多いファンデーション数種類をスポンジで取り，スポンジで叩くように塗布すると容易に被覆できる。

手　順

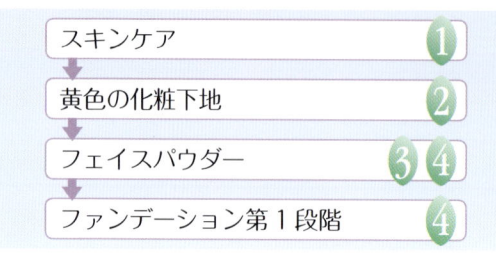

スキンケア	①
黄色の化粧下地	②
フェイスパウダー	③④
ファンデーション第1段階	④

① スクワランオイルで肌を整え，保湿する

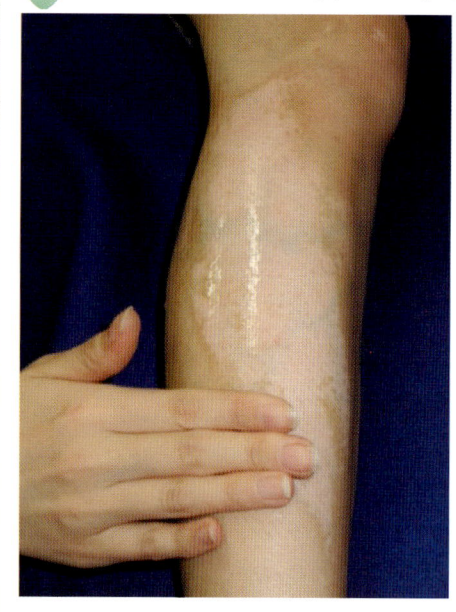

　水で軽く湿らせた後，スクワランオイルを塗布し，タオルで軽く押さえる。

132　第Ⅵ章　事例

❷ 黄色の化粧下地を下腿全体に塗布する

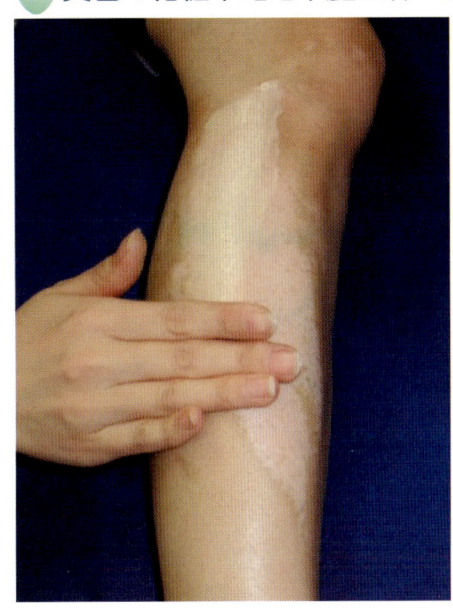

黄色の化粧下地を適量手に取り，患部だけでなく全体に伸ばし色調のムラを整える。患部は色調が薄くなっているため，周囲よりも少し多めに塗布する。

❸ フェイスパウダーを塗布する

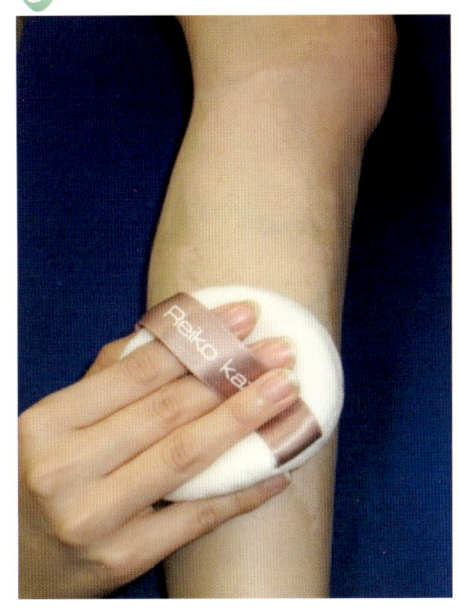

フェイスパウダーをパフに取り，手のひらで揉み込むようにしてパフに含ませ，体毛に逆らうように下から上に押さえ，フェイスブラシで払う。

事例7　熱傷後色素異常　*133*

④ファンデーションを塗布し，その後再びフェイスパウダーを塗布する

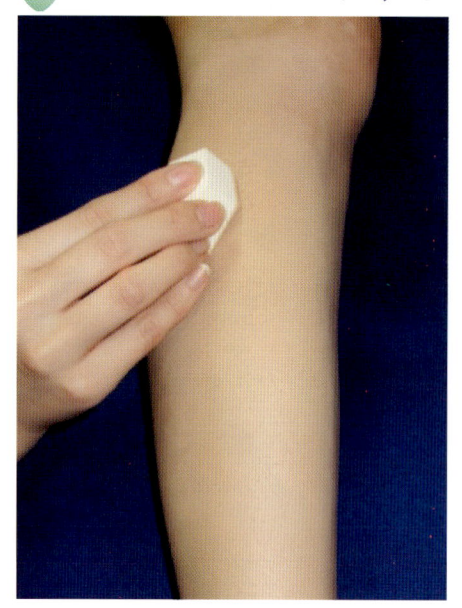

練り状のファンデーションをスポンジに取り，手のひらでなじませた後，色調の違いが目立つ部分や全体に軽く叩くようにして塗布する。その後，③で使ったパフでさらにフェイスパウダーを重ねる。ファンデーションとパウダーの層を薄く何層か重ねることで，より崩れにくくなる。最後に水をかけることで肌により密着する。

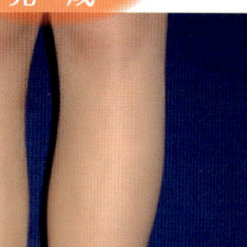

完成

社会人の女性は素足よりもストッキングを着用することが多いため，施術後，ストッキングを着用してもらい，患者に見せる。着用の際に崩れることもなく，熱傷瘢痕は目立たなくなった。

本人のコメント

　必要な時のみのメイクで，少しでも自然な状態にできたらいいなという思いでした．広範囲だったので不安もありましたが，少しずつやけどの痕が消えていっているのを見てとても驚いていました．

　さらにストッキングを履いたら，痕がすべてなくなっているのでとても感動しました．レーザー治療をしなくてもメイクだけでもなんとかなるのだということがわかり，本当に嬉しかったです．メイクを機にやけどの痕としっかりと向き合うことができました．

　メイク体験がなければ，ずっと悲しい気持ちのまま過ごしていたと思います．丁寧に対応して頂いたスタッフの皆さんにはとても感謝しています．

事例 8　打撲痕

　打撲をすると皮下に出血することがある。このような出血斑（外傷性紫斑）は時間の経過とともに吸収され，色調が紫色から黄色に変化しながら徐々に薄くなるが，それまでの間に重力によって下方に拡散し面積が拡大してしまうことがある。このような時期に強くこすったり，紫外線に当たって日焼けをすると出血斑は消退しても炎症後色素沈着が残ってしまうので，メイクや衣服で被覆することが大切である。皮下出血を起こしている時には皮膚には炎症細胞が集まっており，押すと痛いので，メイクに際しては注意が必要である。

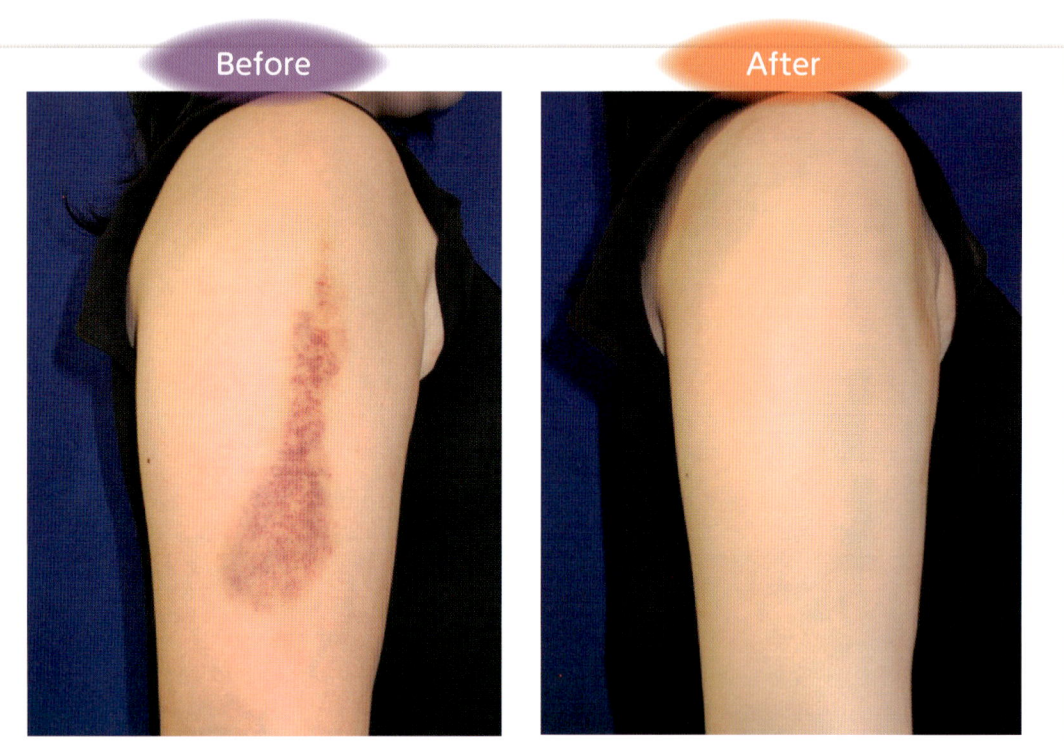

Before / **After**

36歳，女性。2日前にドアにぶつかり，打撲痕が残る。仕事柄，腕を隠すことが難しいため，メイクを希望した。

本人が気になっているところ　汗をかきやすい体質のため，崩れないか，自然にカバーできるのか。

打撲痕のメイク基本方針

　打撲痕は時間経過とともに自然に治癒するが，正常に戻るまでには時間がかかる。患部の色調は1日ごとに急速に変化するが，リハビリメイクでは複数のファンデーションを混ぜて色の調節を行い塗布するので，どの時期においても同じファンデーションを用いて被覆が可能である。かつ，経済的負担が少ない。

事例8のメイクアップ方針

　受傷より2日経過しており，内部は赤みが強く出ているが周囲は黄褐色になっている。黄褐色部分は黄色の化粧下地で容易に被覆できるが，赤紫色の部分は難しいため，練り状のファンデーションを重ねて塗布する。治癒が進むにつれて，黄褐色部が増えていくことが予想され，ファンデーションの塗布量を少なくするよう伝える。

手　順

❶ スキンケア	コットンに化粧水とスクワランオイルを含ませ肌を整える。
❷ 黄色の化粧下地	乳液タイプの黄色の化粧下地を全体に塗布する。

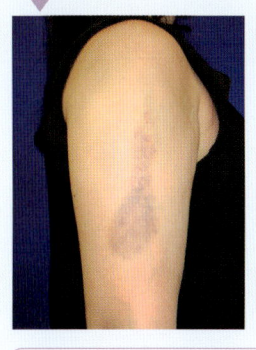

黄色の化粧下地　塗布後

❸ フェイスパウダー	フェイスパウダーを塗布し，払う。
❹ ファンデーション第1段階	被覆力の高い練り状のファンデーションのベージュに，オレンジ色を混ぜ自然な血色を出し，青黒さを落ち着かせる。
❺ フェイスパウダー	フェイスパウダーを塗布し，払う。
❻ 仕上げ	水をかけ，こすらないように水分を押さえることで，崩れにくく自然な質感に仕上がる。

本人のコメント　腕をぶつけた時はショックのあまり呆然としてしまいましたが，メイク終了後はとても自然に，まったくわからなくなったので本当に安心しました。次の日からは教えてもらったとおりに自分で施術してみましたが，誰にも気づかれませんでした。

事例 9　刺青

　表皮の下に墨などの色素を入れる行為は，古来から行われていたようである．最近はレーザーで簡単に取れると信じ，気軽にファッション感覚で刺青を入れることも多いようであるが，レーザーで取ることができるのは主に黒い色素だけで，黄色や緑色の刺青は取ることができない．名人と呼ばれる彫師は色素を真皮の直下に入れていたので，色が鮮やかで，またレーザーや皮膚剥削術で取りやすかったが，最近ではほとんどが機械彫り（真皮の深いところに色素を入れる）である．皮下組織に入ってしまった色素はレーザーで取ることが困難であり，皮膚を削る手術でも残ってしまうことがある．またレーザーで取ることが可能であっても，完全に消えるまでには複数回の治療が必要で，その間の傷あとを被覆するためにもメイクは有効である．

Before　　　　　　　　　　After

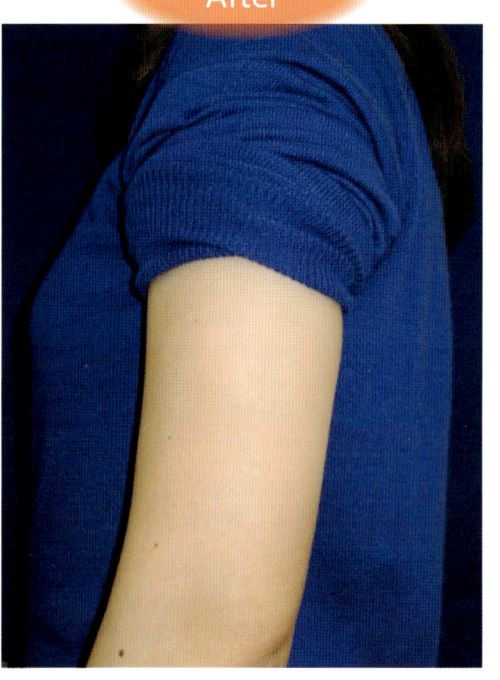

　28歳，女性．17歳時に刺青を入れた．現在，就職活動中で健康診断の際にカバーしたいと思い，リハビリメイクを希望した．

本人が気になっているところ　健康診断を受けている途中でメイクが崩れないかが気になる．

138　第Ⅵ章　事例

刺青のメイク基本方針

　人工的なインクで描かれたイラスト上に，ファンデーションを単色で塗布すると（ファンデーションも人工的な色料であることから被覆ができたとしても），人造的な印象となってしまう。実際の肌のような肌理や毛穴がある不均一な色みを表現するため，複数のファンデーションをスポンジに混ぜて塗布し，自然な肌質を再現する。塗布直前に人の手で複数色を混ぜ合わせると，色が不均一に分散され，有効である。

　刺青はさまざまな色が混在しており，その中でも黒や紺色はカバーしにくいことが多い。これに対してはオレンジ（赤みの橙）と緑みの黄色とベージュのファンデーションを混ぜると容易に被覆できる。これは加法混色※の原理と同様で，赤，緑，青の3色を合わせると白色になり，背景にあるベージュの色に近づいたものと考えられる。

　※加法混色とは，色光の3原色の赤・緑・青の3色を重ねると白色になる現象のことである。

表　各色彩に対するファンデーションの選択色

刺青の色	ファンデーションの色
赤・黄・緑・オレンジ	緑みの黄色＋ベージュ
青・黒・紫	緑みの黄色＋ベージュ＋赤みの橙

事例9のメイクアップ方針

　患部の色は紫や黒色が大半を占める。黄色の下地，ベージュのファンデーションの塗布のみでは，完全な被覆が難しいため，オレンジの練り状のファンデーションを重ねて塗布する。その後，フェイスパウダーを用いて患部が崩れないように仕上げる。

手　順

❶ スキンケア	コットンに化粧水とスクワランオイルを含ませ肌を整える。
❷ 黄色の化粧下地	緑みの黄色の被覆力の高いファンデーションをスポンジで塗布する。
❸ フェイスパウダー	フェイスパウダーを塗布し，フェイスブラシで払う。
❹ ファンデーション第1段階	肌色調整のため，②で使用したスポンジにベージュとオレンジのファンデーションを取り，重ねて塗布する。
❺ フェイスパウダー	フェイスパウダーを塗布し，フェイスブラシで払う。
❻ 仕上げ	全体を自然に，また崩れにくくするためメイクをした全体に水をかけ，こすらないようにタオルなどで水分を取る。

結果および本人の変化　「想像していたより自然に仕上がって，手で触っても崩れず安心した。短時間でカバーできたので，必要な時は自分でもメイクしたい」という感想が得られた。

事例 10 リストカット

　精神的に不安定な状態にある時などに，カミソリなどで自らの肉体を損傷してしまうことがある。多くの場合，前腕のような露出部に複数の平行な切り傷がつく。このような傷あとを形成外科的に治療することは困難な場合が多い。最終的には少しずつ皮膚を切除して傷の本数を減らしたり，傷の方向を変えることによって自損であることがわからなくなるような手術が可能であるが，治療の完了まで時間がかかるのでそれまでの間，メイクは有効な手段である。

　傷あとの問題点は2つある。1つは色調，もう1つは質感の違いである。色調を整えようと患者が自分でメイクすると，傷あとの質感が周囲の皮膚と異なってツルツルしているため，うまく被覆することができない。そのため質感を整える意味で傷あとを平坦化するレーザーを試みたり，テープを貼ってからメイクをする。

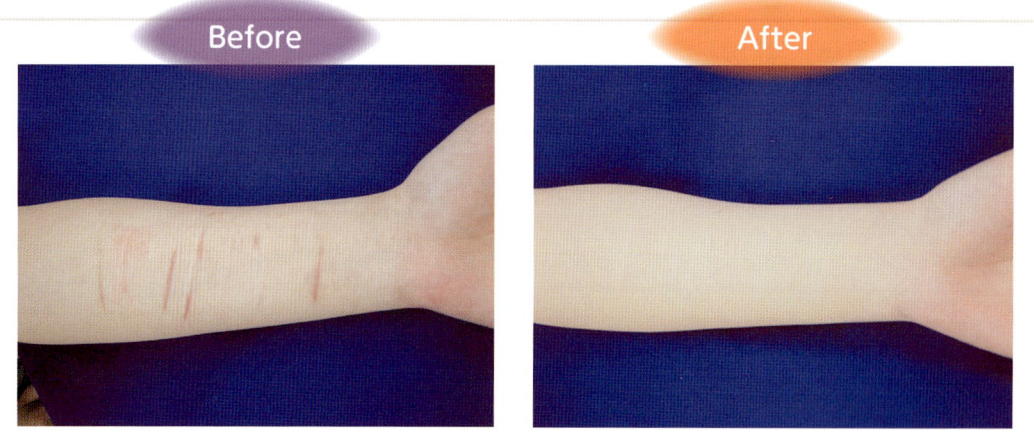

Before　　　　　　　　After

　26歳，女性。14歳時から自傷行為を繰り返すようになった。最も最近の傷は3カ月前である。

🌸 リストカットのメイク基本方針

　リストカット痕のメイク方法は手術後瘢痕やケロイドのカバー方法と同様である。患部は他者が見るとほとんどわからない場合もあるが，本人はその傷あとを見ることでリストカットを行うに至った辛い状況を思い出してしまう場合もある。傷あとの凸凹を触ることでも同様の心理状態になる可能性があるが，テープで凸凹を軽減するだけでも精神的負担が少なくなる。

　自傷行為時の精神状態を理解するため，傷つけることに痛みを感じたかどうかを確認することもある。レベンクロンによる分類では，自傷行為は痛みを感じる非解離性と痛みを感じない解離性に分類される。非解離性の患者は，他者の注目を集めることが目的で，二次的な疾病利益を求める。解離性

表　レベンクロンによる自傷行為の分類

非解離性自傷症	解離性自傷症
目的は痛みを得ること	目的は感覚麻痺である
他者の感情と深く関係して起きる	自己完結的である
全体的な健康度は高い	健康度は低い

の患者は感覚麻痺を目的とし，自己完結的で健康度が低いと考えられる[1]。解離性の場合は精神科医や臨床心理士によるカウンセリングを受診するよう促すこともある。

1) 岡野憲一郎：リストカット；ボーダーラインか解離性か？ こころの科学 127：76-83, 2006

事例10のメイクアップ方針

瘢痕は，比較的新しい赤みを帯びた瘢痕と，時間が経過した白い瘢痕が混在していたが，いずれも同じファンデーションを用い，塗布量を調整することで被覆することが可能である。部分的に凸が目立つ部分があるため，一部はテープを貼付した上からメイクを行うこととする。

手　順

❶ かづき・デザインテープ®	患部に貼付する。
❷ 黄色の化粧下地	乳液タイプの下地に，緑みの黄色を少し混ぜて塗布する。
❸ ファンデーション第1段階	被覆力の高い練り状のファンデーション，黄色とベージュの2色を混ぜて塗布する。
❹ フェイスパウダー	フェイスパウダーを塗布し，払う。
❺ 仕上げ	最後に水をかけ，こすらないように水分を軽く押さえることで，崩れにくく自然な質感に仕上げる。

事例 11 美容医療後のトラブル・満足度向上

　美しくなる目的で医療機関で手術やレーザー，注入療法などを受けたが，その結果が本人の望む状態ではないことがある。原因としては，①施術者の技術不足，②患者の要望が施術者に伝わっていない，③患者が自分でもどこをどうすれば良くなるのかわからない，などが考えられる。基本的には患者は，施術者とよく話し合い，自分の求めるものと，施術者が施行可能な処置によって得られる結果が一致しているのかどうかを判断してから施術を受けた方がよい。特に精神的に切迫した状態で短期間に頻回に治療を受けたり，医療者側とのコミュニケーションが十分にとれていないと，このような状態になりやすい。

　不可逆的な手術による修正を急ぐより，患者・施術者双方がメイクアップのような可逆的，非侵襲的な方法によって問題点を整理し理解するという方法もある。

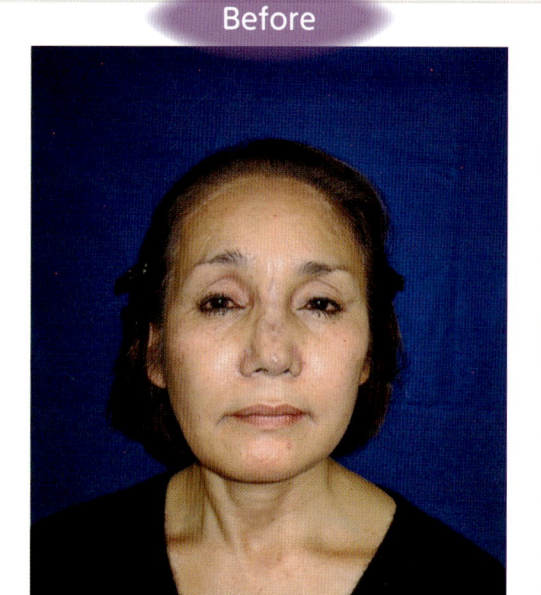

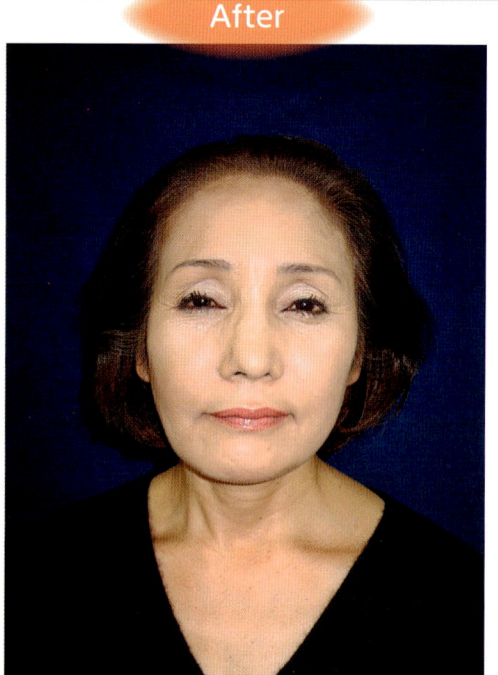

Before　　　　　　　　　After

　60歳，女性。53歳の時に美容外科にてヒアルロン酸を数回注入し，数年後に炎症を生じた。その後，別医院にてシリコンプロテーゼ挿入術を受けたが，変形が改善せず抜去した。満足する結果を得られなかったため，医師から紹介されたリハビリメイク外来を訪れた。

美容医療後のメイク基本方針

　美容医療を受けた後の患者には，客観的にはきれいに見えても主観的な外観への満足度が非常に低い場合がある。これは，美容医療においては患者が訴える悩みについてのみ施術を行うが，実際には患者の悩みは一部にとどまらないことや，施術を行った箇所とそれ以外の箇所の差に違和感が出てしまい，患者が受容できないためであると考えている。

　リハビリメイクではヒアリングを十分に行い，可能な限りすべての悩みを明らかにする。また，美容医療後の新たな外観に合ったメイクや，本来のチャームポイントに気づかせるようなメイクを提案することが重要となる。

事例11のメイクアップ方針

　鼻部が主訴であったが，加齢に伴う悩みもあると判断されたので，たるみや色素斑，上眼瞼の凹みを改善させる。鼻上には光沢のある白パールのパウダーを1本の線状に塗布し，錯覚効果により鼻柱の歪みを矯正することで，鼻背の凹凸を目立たなく見せる。非対称であった眉は穏やかな印象に見えるよう，角度をつけず水平で左右対称に描き，本来の優しい顔つきの印象を引き出すようにする。

手　順

❶ スキンケア	ふきとり洗顔で肌を整える。
❷ 血流マッサージ	血流マッサージで顔に丸みを出す。
❸ かづき・デザインテープ®	耳前部と後部に顔を引き上げるように貼付し，たるみを改善する。
❹ ファンデーション第1段階	練り状の黄色とベージュのファンデーションを混ぜ，顔全体に塗布する。
❺ フェイスパウダー	フェイスパウダーを塗布し，払う。
❻ ファンデーション第2段階	被覆力の高い練り状のファンデーションをCゾーンに塗布し，色素斑を被覆する。
❼ チーク・白パール	光沢のあるパウダーを混ぜたチークを塗布する。鼻筋には白パールのパウダーを1本の線状に塗布する。
❽ 眉メイク・アイメイク・リップ	左右対称に近づける。

結果および本人の変化

　施術後は，「きれいになりました！　すごく若くなって嬉しいです」とコメントが得られた。

　VASも施術前50から施術後100へと推移した。しかし，3週間後は返送がなかった。過去の調査でも他症例と比較してアンケートの返送率は悪い。これは美容医療後の患者にとって，外観の受容が容易ではないことを示しており，継続的なフォローが必要であると示唆される。

事例 12 眼瞼下垂と術後瘢痕
顔面神経麻痺による眉毛下垂に伴う眼瞼下垂

　眼瞼下垂とは文字通り瞼が下がる病気であるが，原因には先天性と後天性がある。後天性のものには，長期間のコンタクトレンズ使用などによって惹起される腱膜性眼瞼下垂，加齢で皮膚が弛緩するために視野を狭窄する加齢性眼瞼下垂，動眼神経麻痺による神経性眼瞼下垂などがある。本例は外傷性顔面神経麻痺により眉毛が下垂したことによって生じた二次性の眼瞼下垂である。患者が瞼が重い，視野が狭くなったという訴えがあった場合，眼瞼下垂を考えるが，目を閉じる筋肉である眼輪筋が不随意に痙攣する眼瞼痙攣を合併していないか注意する必要がある。

Before　　　　After

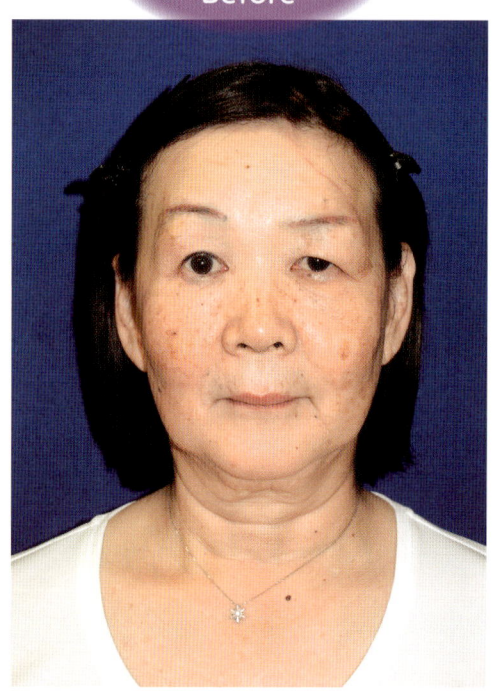

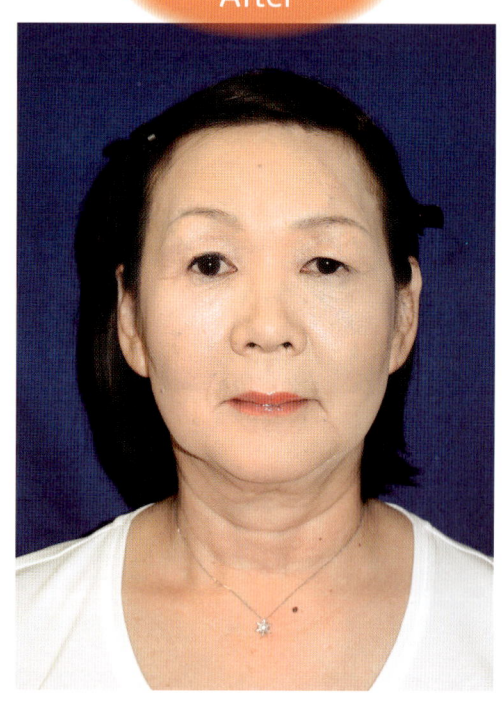

　59歳，女性。2カ月前，運動中に自身で鉄柱にぶつかり負傷した。救命救急センターに入院，縫合した。事故の影響により左眼瞼が下垂した。再手術は勧められておらず，メイクでのカバーを希望している。

本人が気になっているところ　傷あとも気になるが，特に眼瞼下垂の改善を希望している。

特に変化のあった部分

▶ 眼瞼の下垂
血流マッサージを行い，眼瞼周囲および顔全体のたるみを改善した。さらに，下垂に対してテープを上方向に引き上げるように貼付し，物理的なリフトアップを行った。客観的に黒目が大きく見えるようになっただけでなく，本人からも「怪我をする前の顔に戻った」との声が得られた。

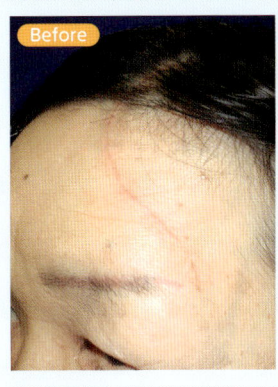

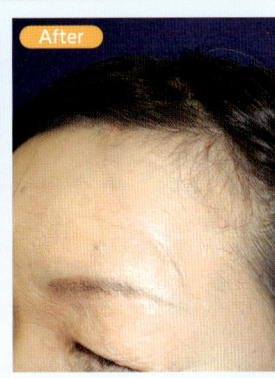

◀ 瘢痕
額の瘢痕部の若干の凹凸を被覆するため，テープを貼付し，その上から2種類のファンデーションを用いてスポンジで塗布した。テープはエンボス加工を施し肌理を再現しているのでファンデーションが自然になじみ，瘢痕は目立たなくなっている。

▶ 肌
血流マッサージ，テープの貼付で顔全体をリフトアップし，若々しい印象に仕上げた。また，老人性色素斑を被覆した後，光沢のあるパウダーを混ぜたチークをCゾーン，頬部の高い位置に塗布し艶を出した。他者の視線が上の方向に移動することで，顔が引き上がったように見せた。

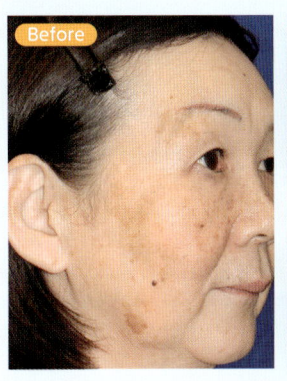

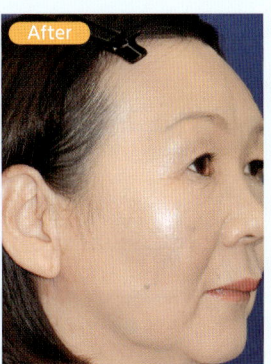

❋ 眼瞼下垂と手術後瘢痕のメイク基本方針

　眼瞼下垂に対して，血流マッサージ，テープの貼付を行い，改善を試みる。テープの効果は貼付位置や引き上げる方向によって変わるため，目視で変化を確認しながら施術する。「目が開きやすいか」「視界が広くなったか」など本人にヒアリングしながら行うと，より効果的である。

　手術後瘢痕に対して，凹凸がある場合，色調の違いがある場合，その両方がある場合によって対処方法が異なる。凹凸に対してはテープを貼付することで若干目立たなくなる。色調の違いに関してはファンデーションで被覆する。両方ある場合は，テープを貼付した上からファンデーションを塗布するが，最終的にどこまでの被覆を希望するかは患者に確認しながら施術する。このため，テープの貼付もしくはファンデーションの塗布のいずれかのみの場合もある。

事例 12 のメイクアップ方針

　瘢痕よりも眼瞼下垂を気にしていたが，それは事故に遭う前の顔が本来の自身の顔であり，患者はその外観の再現を求めているためと推察される。手術が終わるまでの間，事故後の外観で生活する心理的負担を軽減させるため，血流マッサージやテープの貼付で改善させることができ，継続して行うとさらに効果があることを伝えた。

　また，満足度を向上させるため，瘢痕のみならず色素斑もファンデーションで被覆し，ポイントメイクによって若々しく健康的な印象に仕上げる。

　数年前に入れたアートメイクは，加齢による目元の下垂によって位置が適切でなくなっていること，事故により左右非対称になっていることから，ファンデーションで被覆し，その後に眉を描く。

手　順

スキンケア	①
血流マッサージ	①
かづき・デザインテープ®	②
黄色の化粧下地	③
ファンデーション第1段階	④
フェイスパウダー	④
ファンデーション第2段階	④⑤
白パール	⑥
眉メイク	⑦
アイメイク	⑦
チーク + リップ	⑦

① 血流マッサージを行う

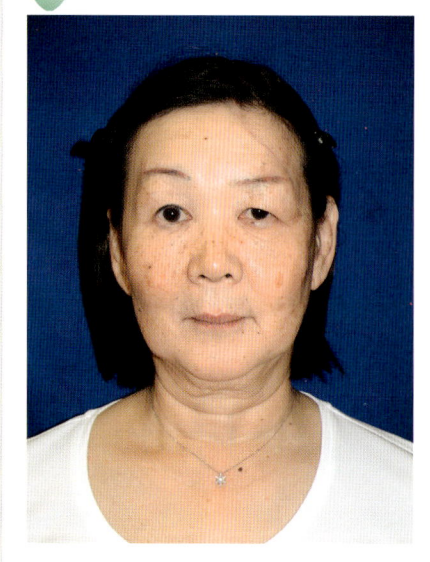

　メイク用のスポンジに美容液を含ませ，血流マッサージを行い，眼瞼周囲および顔全体のたるみを改善した。患側は特に念入りに行う。

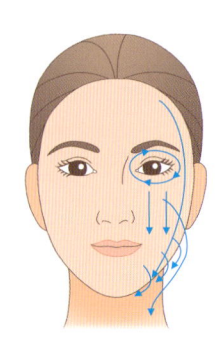

❷ かづき・デザインテープ®を貼り，引き上げる

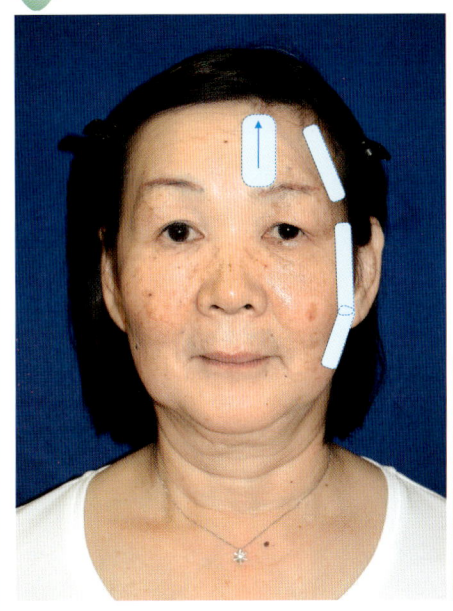

　かづき・デザインテープを下垂に対して上方向に引き上げるように貼付し，物理的なリフトアップを行い，瞼のかぶりを改善した。瞼上には，目の開きを改善するよう，三角形のテープを貼付した。

　また，リフトアップとは別に，傷あとの上に貼ることで凹凸を軽減し，目立たなくした。

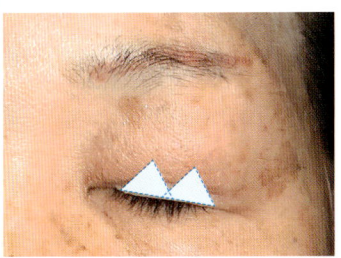

❸ 乳液タイプの黄色の化粧下地を全体に塗布する

❹ ファンデーションを塗布する

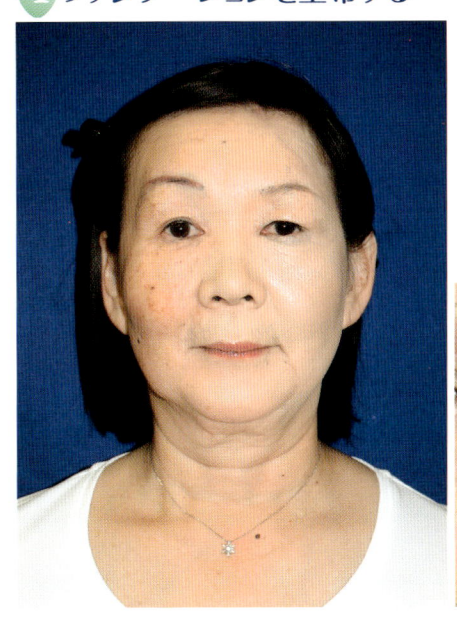

　肌に合わせてベージュのファンデーションを混ぜ合わせ，顔全体に塗布し色調を整えていく。フェイスパウダーで押さえた後，老人性色素斑が目立つ部分には，被覆力の高い練り状のファンデーションをスポンジに取り，上からポンポンと叩くように塗布し，被覆する（p95参照）。

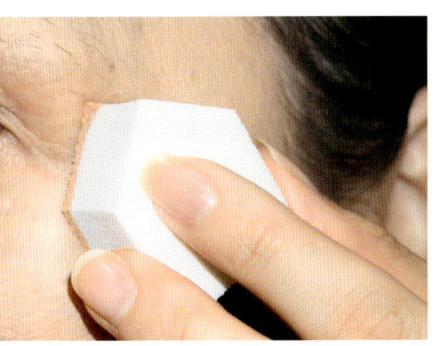

事例12　眼瞼下垂と術後瘢痕　147

❺ アートメイクを補整する

左眉毛の下垂により左右の非対称が目立つため，事故前より入れていた眉のアートメイク（刺青）の被覆を行う。カバー力の高い練り状のファンデーションを綿棒や小筆などに取り，被覆した後フェイスパウダーを塗布する。

❻ TゾーンとCゾーンに白パールのパウダーを塗布し，なじませて質感を軽くする

❼ 眉を整え，アイメイクを行い，チーク，リップを塗布する

完 成

左右差が目立たなくなり，全体的に非常に若くなった。点在する老人性色素斑を被覆した後，光沢のあるパウダーを含むチークをCゾーン，頬部の高い位置に塗布し艶を出したことで，肌の質感が軽くなり若々しい印象の肌を作り上げた。

> **本人の
> コメント**

　額から頭部へ15cmの大きな傷を負い，約2カ月経った時，額の傷は残り，神経が切れている箇所もあるため5年後には顔面下垂の手術が必要だと医師に言われました。とりあえず傷を目立たなくするメイクと下垂しているまぶたを少しでも上げられればと思っていました。

　メイクの先生方が血流マッサージを行い，テープを貼り，面白いようにみるみる顔が変化をしていきました。化粧方法も今までの自己流とは違いました。

　気になっている傷あとはファンデーションできれいに目立たなくなり，下垂していたまぶたも二重まぶたになって，印象が変わりました。ずいぶん若くなった気がしました。その日会った知人はびっくりしていました。

　その後，自己流にならないためにもメイクレッスンを2回ほど受けて，正しいマッサージ方法などを覚え，怪我をする前の顔よりずっとたるみのない若肌になりました。マッサージのおかげで以前から気になっていた顎のラインのくすみがとれ，しみが素顔でも薄く目立たなくなってきたのも驚きです。眼瞼下垂はテープで上がり，目元パッチリ！　同年代の友人や姉にも変化を気付かれて，リハビリメイクのマッサージ方法を伝えたので，みんな若々しい肌になっています。今は朝起きて顔を見るのが楽しみです。

近景：1回目のレッスンから3週間後。眼瞼の左右差がなくなり，目が開いた。頬部やフェイスラインの下垂が引き上がり，さらに若々しく健康的な印象になった

事例 13 眼瞼痙攣

　眼瞼痙攣とはまぶたが不随意に閉じる疾患である。まぶたの筋肉を司る神経や瞬きをする仕組みの不調が原因で，訴えとしては「まぶたが開けにくい」「眩しい」「目が乾く」など，様々である。眼瞼下垂，ドライアイ，うつ病と診断されることもあるが，その場合背景に本症があることもある。眼瞼痙攣に対して脳神経外科的な治療を行うこともあるが，最近ではボツリヌス菌毒素製剤（ボトックス®）を注射して筋肉の動きを止める方法が主流である。重症例ではボトックス®の効果がないか，あるいは作用時間が極めて短いことがある。

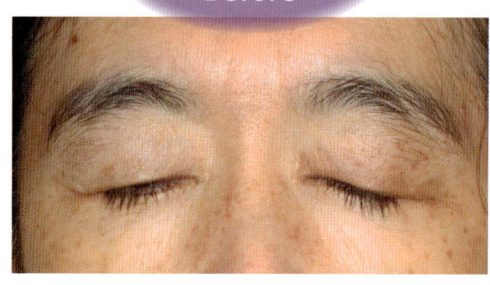

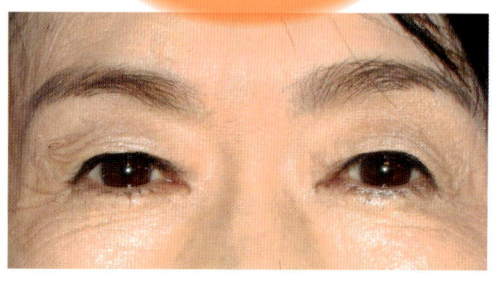

Before / **After**

　51歳，女性。41歳からまぶたが重くなり始めた。左眼の方が症状が強く出ており開かない。数回ボトックス®を打つが，あまり効果がなかった。精神科にも通っている。1人ではほとんど外出できない状態のため家族に付き添われて訪れた。

本人が気になっているところ　眼を開けようとしてしわくちゃな顔になるのが恥ずかしく，家族以外の人と会うことを避けるようになった。

❀ 眼瞼痙攣のメイク基本方針

　眼瞼痙攣では他の症例と違い，外観の改善よりも機能的な改善が優先される。眼輪筋のみならず，顔全体の表情筋や首から肩にかけての筋肉の血流マッサージをしっかりと行う。その後，耳前部やこめかみなどの皮膚を引き上げるようにテープを貼付する。患者が気持ちいいと感じる位置や方向を確認し，客観的にも症状が改善しているかを目視しながら行うと効果的である。テープの貼付が終了した段階で，患者は機能的な改善を感じ，施術前まで気にかけていなかった自身の外観を気にし始めることも多い。患者の要望に合わせて若々しく健康的な印象に仕上げる。

　なお，テープによる改善効果の持続には個人差があるため，患者自身で施術できるよう指導する必要がある。

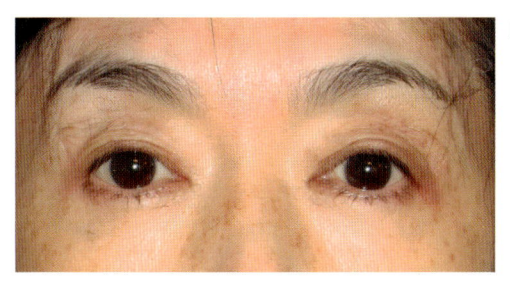

血流マッサージとテープ貼付後

事例13のメイクアップ方針

　1人では歩行が困難なほど自分の意思で目を開けられない状態であった。血流マッサージを眼瞼周辺から首筋まで入念に行い，改善を試みる。テープは患者が「気持ちがいい」「目が開けやすい」という位置や引き上げる方向を聞き取り，耳前部，こめかみ，額，眉毛上部などに貼付する。こめかみから額部分は貼ったテープの一部に重ねて2枚目を貼付し，物理的な挙上効果を高める。左目の方が症状が重いとのことだったので，左側を重点的に施術する。その後，メイクを行い，健康的な印象に仕上げる。

手　順

❶ スキンケア	ふきとり洗顔で肌を整える。
❷ 血流マッサージ	首筋までしっかりとマッサージを行う。
❸ かづき・デザインテープ®	患者の意見を聞きながら，心地よい部分に貼付する。
❹ ファンデーション第1段階	練り状のベージュと黄色のファンデーションをスポンジに混ぜ，全体に塗布する。
❺ フェイスパウダー	フェイスパウダーを塗布し，払う。
❻ ファンデーション第2段階	被覆力の高い練り状のファンデーションをCゾーンに塗布し，艶と血色を与える。
❼ チーク・白パール	光沢のあるパウダーを混ぜたチークを頬部の高い位置に塗布し艶を出す。
❽ 眉メイク・アイメイク・リップ	

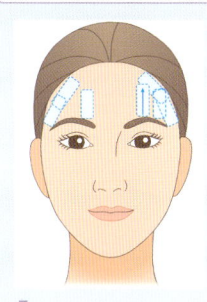

結果および本人の変化　「デザインテープを右に貼ったら左目も開いてきた。ずいぶん目が開けられている」と涙を流して喜ばれた。ここ数年外出も敬遠していたが，「百貨店に寄って帰りたい気持ちになりました」と話された。

事例 14　顔面神経麻痺

　顔面神経は顔面の表情筋の動きを司る神経である。脳から耳の近くを通り，耳下腺を貫通し，枝分かれをしながら眉毛，まぶた，鼻翼，頬，唇などに分布する。そのため脳腫瘍，耳下腺腫瘍などの術後にそれらの筋肉の麻痺が起こることがある。また，ヘルペスなどウイルス感染によっても引き起こされる。

　麻痺が起こるとその部分の筋肉がゆるみ，反対側に引っぱられるため，顔が歪んで見える。急性の顔面神経麻痺ではステロイドを使用し，神経の浮腫を取ることがある。外傷や手術によって神経を損傷した場合には神経や神経血管付きの筋肉を移植したり，固定化してしまった場合は瞼を閉じやすくしたり頬から唇を吊り上げる手術を行って治療する。顔面の対称性は美の根幹なので，対称性を回復することが大切である。

Before　　　After

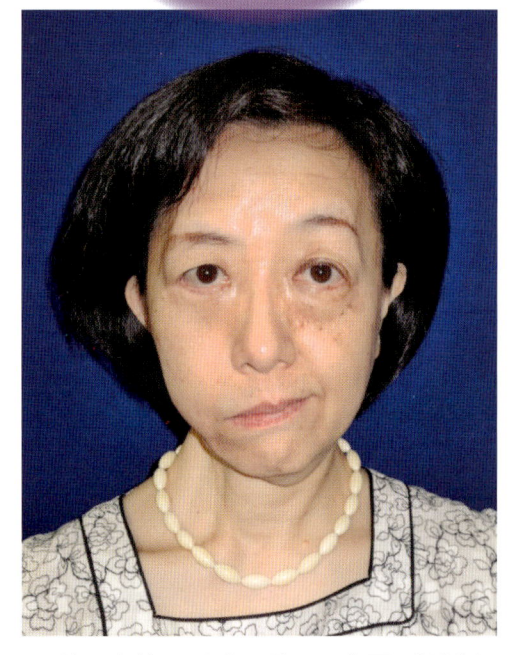

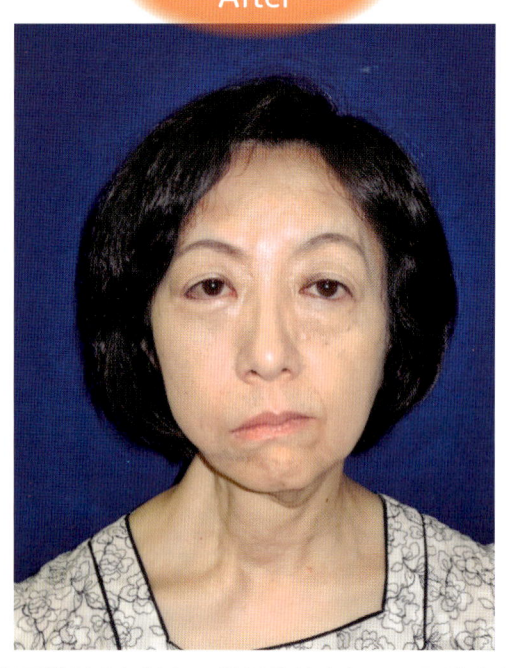

　56歳，女性。49歳の時に，右耳下腺腫瘍で顔面神経を切除し，神経移植を行って再建された。術後の放射線治療により，回復は不全麻痺の状態に留まり，左右差が残る。

本人が気になっているところ　頬に違和感があり，右目が気になっている。

顔面神経麻痺のメイク基本方針

　顔面神経麻痺の患者は麻痺側の筋肉が硬直しているため，血流マッサージを十分に行い柔軟にする。マッサージを続けると症状が改善したという患者も多く，続けるように勧める。
　左右の非対称を軽減させるために，麻痺側を中心に皮膚を上方向に引き上げるようにテープを貼付する。特に顕著な下垂が見られる部分は，その箇所のすぐ上部分にテープを貼付すると効果的である。麻痺側は，眉が下垂していることが多い。健側に合わせて眉を描く。麻痺側のみ下垂した口唇口角部は，ファンデーションと口紅を用いて，患者の口唇よりも上方向にあるように見せる。しかし，口唇部の外観改善には限度があり，完全な左右対称を希望する場合は医師と相談する必要があると伝える。

事例14のメイクアップ方針

　この方の場合，右側が麻痺している。
　まず，血流マッサージを丁寧に行う。麻痺側の眉毛と眼瞼，口角の下垂が顕著に見られた。右眉毛上部にテープを引き上げるようにして貼付し，眉を患者の毛が生えている位置よりわずかに上部に描く。
　眼瞼上には開眼の補助材として，三角形のテープを貼付することで，左右差が解消される。口角部は本人があまり気にせず希望しなかったため，自然な艶を出す程度とする。

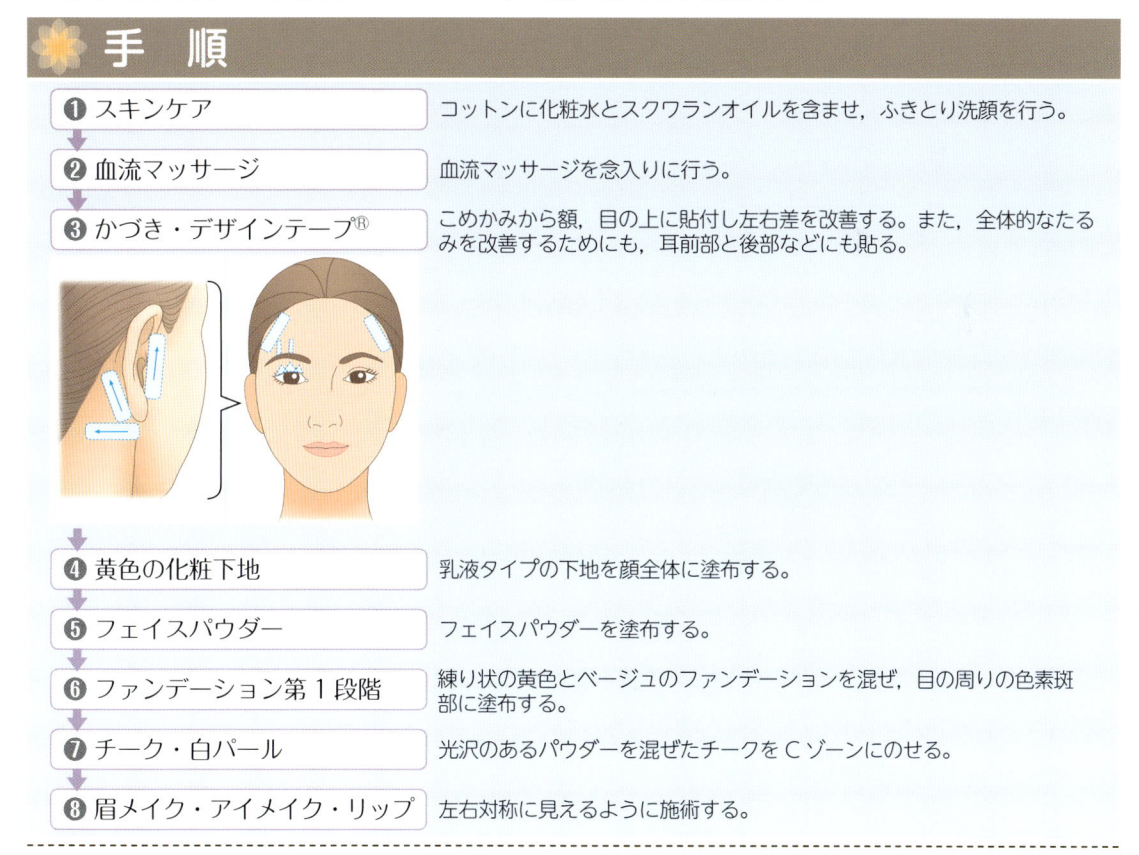

手　順

手順	内容
❶ スキンケア	コットンに化粧水とスクワランオイルを含ませ，ふきとり洗顔を行う。
❷ 血流マッサージ	血流マッサージを念入りに行う。
❸ かづき・デザインテープ®	こめかみから額，目の上に貼付し左右差を改善する。また，全体的なたるみを改善するためにも，耳前部と後部などにも貼る。
❹ 黄色の化粧下地	乳液タイプの下地を顔全体に塗布する。
❺ フェイスパウダー	フェイスパウダーを塗布する。
❻ ファンデーション第1段階	練り状の黄色とベージュのファンデーションを混ぜ，目の周りの色素斑部に塗布する。
❼ チーク・白パール	光沢のあるパウダーを混ぜたチークをCゾーンにのせる。
❽ 眉メイク・アイメイク・リップ	左右対称に見えるように施術する。

結果および本人の変化　「上の方がよく見えるようになって，眉を動かしてもそれほど左右差が出ない！自分じゃないみたい，涙が出そう」と，大変喜ばれた。

事例 15　アトピー性皮膚炎

　アトピー性皮膚炎は，皮膚最表面の角層のバリア機能の低下による皮膚の炎症性疾患である。ハウスダストやダニのようなアレルゲンだけが原因でなく，汗や衣服の接触という機械的な刺激によっても悪化する。そのため治療は単に外用や内服だけでなく，生活環境や日常生活指導なども重要である。

　多くは小児期に発症し，成長に伴い改善することも多いが，成人まで遷延するものや成人になって発症する場合もある。慢性的に経過する疾患であり専門医による適切な指導がないと必要以上にステロイドをこわがったり民間療法に頼ることになってしまう。バリア機構が破たんしている場合などにはメイクアップは避けるべきだが，適切なスキンケアを施行したうえでメイクをすることは差し支えない。

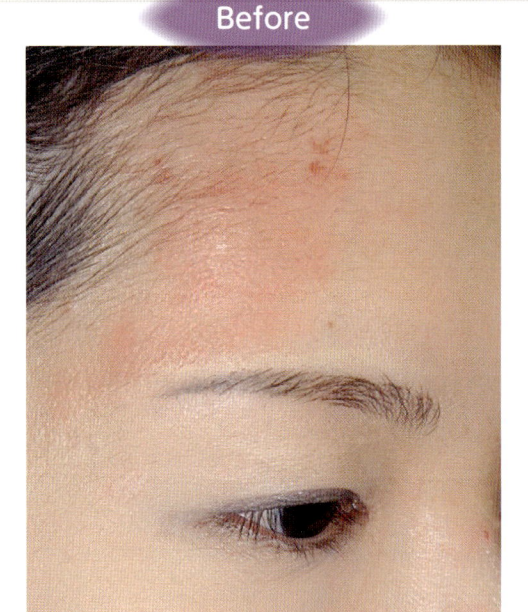

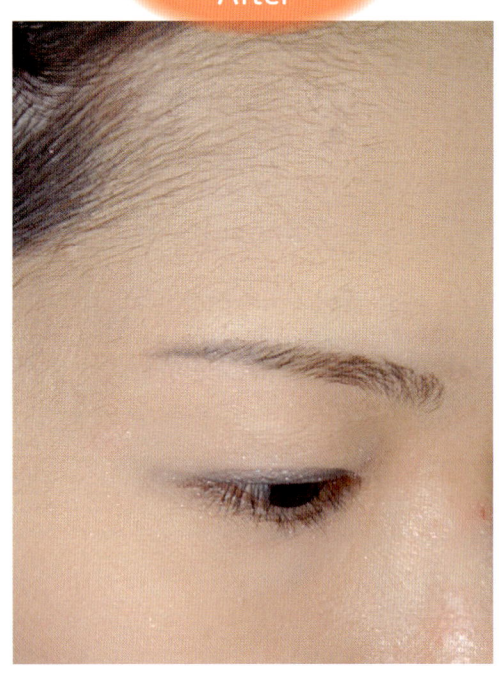

Before　　　**After**

　33歳，女性。幼少期にアトピー性皮膚炎を発症した。季節やストレスなどの影響を受け，増悪と寛解を繰り返している。

本人が気になっているところ　カバーしようとすると厚く，粉がふいたようになり，どのようにメイクすればいいか，わからない。

アトピー性皮膚炎のメイク基本方針

　アトピー性皮膚炎患者に対しては，初めに，診断を受けている医師にメイクをしてもいいと言われているかを確認してから施術する。患者の皮膚表面は乾燥し固くなっていることが多いため，スクワランオイルと患者の肌に負担の少ない化粧水を用い，十分に保湿を行う。その際，メイクを希望していない体部も保湿が有効であると提案する。皮膚は赤みを帯びているため，黄色のファンデーションの塗布が効果的である。メイクを落とす時の刺激が症状を悪化させる可能性があるので，あまり厚塗りにならないような配慮が必要である。

事例15のメイクアップ方針

　洗顔による乾燥が見られたため，皮脂を落とし過ぎないふきとり洗顔を提案する。保湿後は化粧下地やファンデーションの塗布が容易になるため，十分な保湿を行うことが重要である。
　顔全体に対しては基本の手順と同様に，黄色の化粧下地，黄色とベージュを混ぜたファンデーションを塗布する。赤みが強く出ていた箇所は，被覆力の高いファンデーションを複数回重ねて塗布することで，厚塗りにせず自然な質感にすることが可能である。

手　順

❶ スキンケア	コットンに化粧水とスクワランオイルを含ませふきとり洗顔を行う。
❷ 血流マッサージ	十分に保湿を行った後，血流マッサージを行う。
❸ 黄色の化粧下地	乳液タイプの黄色の化粧下地を塗布する。
❹ ファンデーション第1段階	保湿力の高いクリームタイプのベージュのファンデーションを数種類スポンジに取りなじませた後，塗布する。
❺ フェイスパウダー	フェイスパウダーで押さえる。
❻ ファンデーション第2段階	赤みの残る部分には，被覆力の高いベージュのファンデーションをポンポンと重ね自然に被覆する。

本人のコメント　自然にカバーできたことにびっくりしました。今まで自分で行ったこともありましたが，どうしても厚塗りになり，そこだけ浮いてしまいがちでした。またしっかりと保湿もしてもらったので，一番気になっていた痒みやファンデーションをつけている違和感がなく，気持ちが楽になりました。メイクに感動し，その後レッスンを習いました。スキンケア方法を見直したことで徐々に痒みが落ち着き，顔だけでなく体も掻きむしることがなくなり，全体的にアトピーの調子が良くなりました。土台である肌の調子が落ち着いたので，メイクをすることが楽しくなり，ポイントメイクにも興味を持てるようになり，心が前向きなりました。今は化粧をしなくても，外に出ることができるようになっています。

事例 16 膠原病（1）
混合性結合組織病

　通常，生体は外来の敵（異物や細菌など）に対して抗体という蛋白質を産生し攻撃する能力（これを免疫と呼ぶ）が備えられているが，何らかの理由により外来の敵ではなく全身の結合組織という組織に対して攻撃（炎症反応）が起こっている病態を総括して膠原病と呼ぶ。1つの病気ではなく進行性全身性硬化症，皮膚筋炎，エリテマトーデス，関節リウマチなど多くの疾患がそれに含まれ，また本事例のようにそれらが混在して発症するものもある。症状は多彩であるが，皮膚が硬化したり頬部や眼瞼の皮膚に特徴的な色素性病変が現れることがある。これらは医学的に治療が困難なため，リハビリメイクが勧奨される。

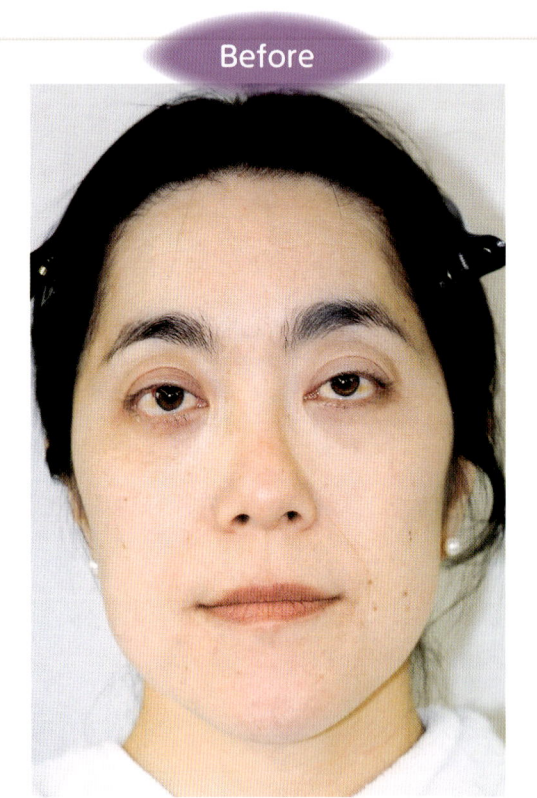

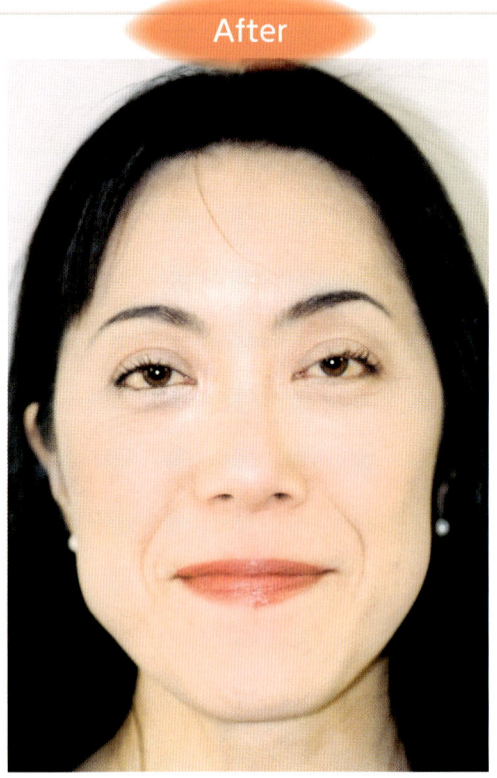

Before　　After

　42歳，女性。38歳で発病し，エリテマトーデス，皮膚筋炎などを含むさまざまな疾患を同時に発症する混合性結合組織病と診断された。以来，ステロイド剤の投与を受け，現在に至る。

膠原病によるムーンフェイス後に対するメイク方針

　ステロイド剤の副作用によるムーンフェイスが起こった後，薬剤の減少とともにむくみが取れて顔全体が老化した印象になる場合がある。特に目元や頬の皮膚が下垂し，くぼみ，顔全体がやつれた感じに見えることが多い。まず血流マッサージで皮膚に張りをもたせて，目の下のくまやくすみを解消することが重要である。さらに目元や唇にポイントを置き，華やかな印象を作り出して老化ややつれを改善すると効果的である。

事例 16 のメイクアップ方針

　やつれた印象を改善するため，血流マッサージをていねいに行い，ファンデーションで艶のある皮膚を作るようにする。特に，目元が落ちくぼみ，目の表情にやつれが現れているので，目の周りの血流マッサージを念入りに行う。眉を整え，はつらつとした印象にする。突出して見える目の表情を落ち着かせるには，上側のアイラインを濃く入れることが有効である。また，ふっくらとした健康的な印象を与えるため，口紅は赤唇よりやや大きめに，丸く形取るように塗布する。

手　順

手順	内容
❶ スキンケア	ふきとり洗顔で肌を整える。
❷ 血流マッサージ	血流マッサージを行う。
❸ 黄色の化粧下地	乳液タイプの黄色の化粧下地を全体に塗布する。
❹ ファンデーション第1段階	クリームタイプのベージュのファンデーションを混ぜ，顔全体に塗布する。目の周囲のくすみに対しては，ファンデーションで色を均一にする。
❺ フェイスパウダー	フェイスパウダーを塗布し，払う。
❻ ファンデーション第2段階	被覆力の高い練り状のベージュのファンデーションを塗布し，フェイスパウダーを塗布する。
❼ 白パール・眉メイク・アイメイク・チーク・リップ	TゾーンとCゾーンにパールのパウダーを指で塗布し，なじませる。眉を整え，アイメイクをし，チーク，リップを塗布する。

結果および本人の変化　リハビリメイクを終えて帰宅した顔を見て，きれいになった上に，元気な顔になったことを夫が非常に喜んだという。家族が安心する顔を作ることで，本人の精神状態も安定し，「このような方法があると知って楽になった」との感想が得られた。

事例 17 膠原病（2）
深在性エリテマトーデス

　エリテマトーデスには慢性円板状エリテマトーデスと全身性エリテマトーデスなどいくつかの型があり，この事例は深在性エリテマトーデスというタイプである。皮膚の陥凹，萎縮が認められる。この病態は再燃する可能性があり，ステロイド剤を内服していることが多い。またこのため，外科的な治療は困難である。

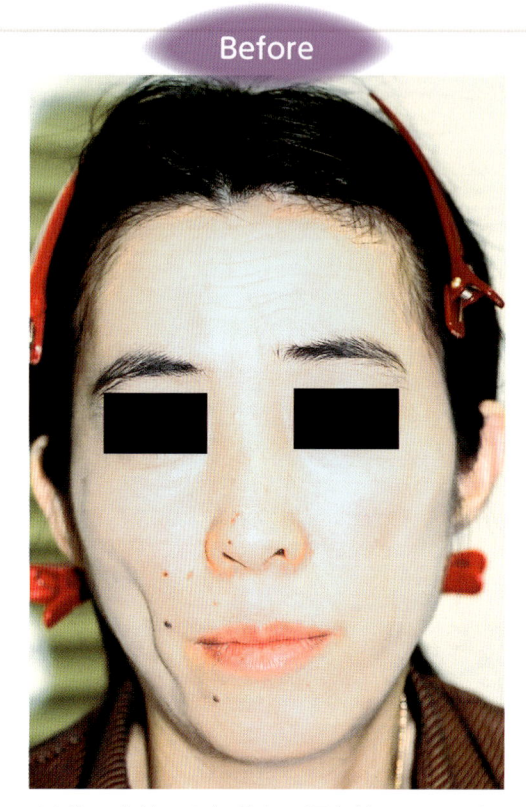

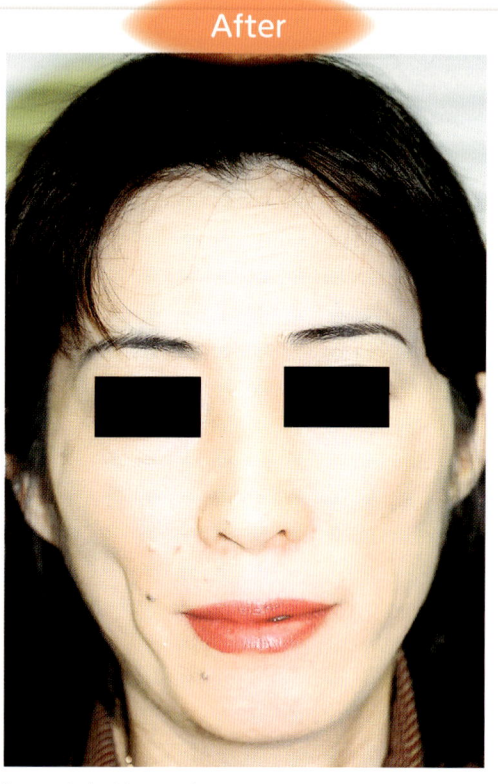

　44歳，女性。9年前より深在性エリテマトーデスで皮膚科に通院している。ステロイド注射，免疫抑制剤の副作用で頰部に陥凹が生じた。現在はステロイド剤の外用のみによる治療を受けている。

膠原病による変形に対するメイク基本方針

　陥凹した頰部に対して，血流マッサージによって張りをもたせ，目の錯覚が起こるファンデーションの塗布方法でふっくら見せることが，ある程度は可能であるが，メイクによる被覆には限界がある。こうした場合には，眉や目元に適切なメイクを行うことによって患部から視線をそらし，顔全体

を明るく元気な雰囲気に見せることが重要である。

事例17のメイクアップ方針

頰部の陥凹は，血流マッサージおよびファンデーションの塗り方で健康的に見せるが，限界があるため，目元，口元を印象的に仕上げることで視線を変える。具体的には，下がり気味になっている眉，目尻，口角をメイクで上向きにして全体の印象を明るくする。また，目の下に白パールのパウダーを塗布することで，頰に張りがあるように見せることができる。

手　順

❶ スキンケア　　　　　ふきとり洗顔で肌を整える。

❷ 血流マッサージ　　　血流マッサージを行う。

陥凹した顔をふっくらさせ
丸みを出すマッサージ

❸ 黄色の化粧下地　　　乳液タイプの黄色の化粧下地を全体に塗布する。

❹ ファンデーション第1段階　　クリームタイプのベージュのファンデーションを混ぜ，顔全体に塗布する。

❺ フェイスパウダー　　フェイスパウダーを塗布し，払う。

❻ ファンデーション第2段階　　頰骨付近に被覆力の高い練り状のベージュのファンデーションを塗布し，フェイスパウダーを塗布する。

❼ 白パール・眉メイク・アイメイク・チーク・リップ　　TゾーンとCゾーンにパールのパウダーを指で塗布し，なじませる。眉を整え，アイメイクをし，チーク，リップを塗布する。

結果および本人の変化　「顔色が明るくなることで健康的な印象になり表情が明るくなったのが自分でもよくわかって嬉しい。リハビリメイクの技術がもっと広まり，病気による顔のやつれに悩んでいる人たちに普及するとよいと思う」という感想が得られた。

事例 18 抗癌剤による副作用
眉毛・睫毛脱毛や顔面のしみ

　悪性腫瘍（癌や肉腫，白血病や悪性リンパ腫など）の治療に際して使用される薬物の中には皮膚や毛髪，爪に副作用を生じるものがある。具体的には発疹ができたり皮膚が乾燥したり，あるいは色素沈着を起こす場合もある。外観の変化としては，顔のむくみ・色調の変化，髪の毛や眉毛，まつ毛の脱毛，などがある。身体的な痛みが伴わないため軽視されることがあるが，外観の変化は自分らしさを失うことによる大きな精神的負担があることを忘れてはならない。患者は原疾患の治療で精神的に余裕がなくなることがほとんどなので，メイクアップという手段を用いて外貌の改善を図ることはQOL の向上に大変有用である。

Before / After

　57 歳，女性。半年前，乳癌と診断され，抗癌剤治療中である。副作用として脱毛と紫外線に当たったことによるしみ様の色素沈着の症状がある。特に，色素沈着の改善を希望し，リハビリメイク外来を訪れた。

本人が気になっているところ　外観の変化により周囲の人に気を使わせているように感じる。

抗癌剤による副作用のメイク基本方針

　顔のむくみには血流マッサージ，色調の変化やしみにはファンデーションを用いた被覆が効果的である。脱毛に対して眉毛はアイブロウペンシルで描き，まつ毛は目の幅に合わせてカットしたつけまつ毛を使用する。病院からの紹介で医療用のかつらを着用している患者が多いが，毛髪が生え始めている患者にリハビリメイクを施術すると施術後に外観に自信がもてるようになり，かつらが不要になることも多く経験している。

　なお，癌治療中の患者は匂いに敏感になっていることがあるため，化粧品は無香料のものを使用する。

つけまつ毛を半分の大きさに切り，毛量を整え，目尻部分につける

事例18のメイクアップ方針

　肌にくすみが見られるため角質除去剤で不要な角質を除去した後，スキンケアを行う。マッサージとテープの貼付で浮腫を軽減する。マッサージは手で直接患者の肌に触れるため，治療中で不安を感じている患者の場合は人の手の温かみで安心感を得ることも多く，精神的なフォローとしても有効である。

　しみ様の色素沈着は練り状のファンデーションで被覆する。パール剤の入ったチークで艶を出し，口紅で血色を出すと健康的な印象となり，満足度も向上する。

手　順

❶ スキンケア	ふきとり洗顔で肌を整える。
❷ 血流マッサージ	血流マッサージを行う。
❸ かづき・デザインテープ®	耳前部と後部に顔を引き上げるよう貼付する。
❹ 黄色の化粧下地	乳液タイプの下地を顔全体に塗布する。
❺ ファンデーション第1段階	練り状の黄色とベージュのファンデーションを混ぜ，顔全体に塗布する。
❻ フェイスパウダー	フェイスパウダーを塗布し，払う。
❼ ファンデーション第2段階	患部のために被覆力の高い練り状のオレンジのファンデーションと濃い茶のファンデーションを混ぜ，色調整し塗布した後，フェイスパウダーを塗布する。
❽ チーク・白パール	光沢のあるパウダーを混ぜたチークをCゾーンにのせる。
❾ 眉メイク・アイメイク・リップ	

結果および本人の変化　治療中であっても「こんなにきれいになれるのなら，癌になっても元気で活き活きと仕事ができます」と大変満足された。

事例 19　リベド血管炎

　リベド血管炎は原因不明の血管の炎症性疾患で，主に下腿を中心に左右対称性に発症する。症状は網目状の紋様や紫斑などであり，時に潰瘍を呈する。潰瘍が治癒すると色素沈着や瘢痕が残る。季節によって増悪を繰り返し，治療に抵抗性である。下腿や足の色素斑に対するレーザー治療も困難である。

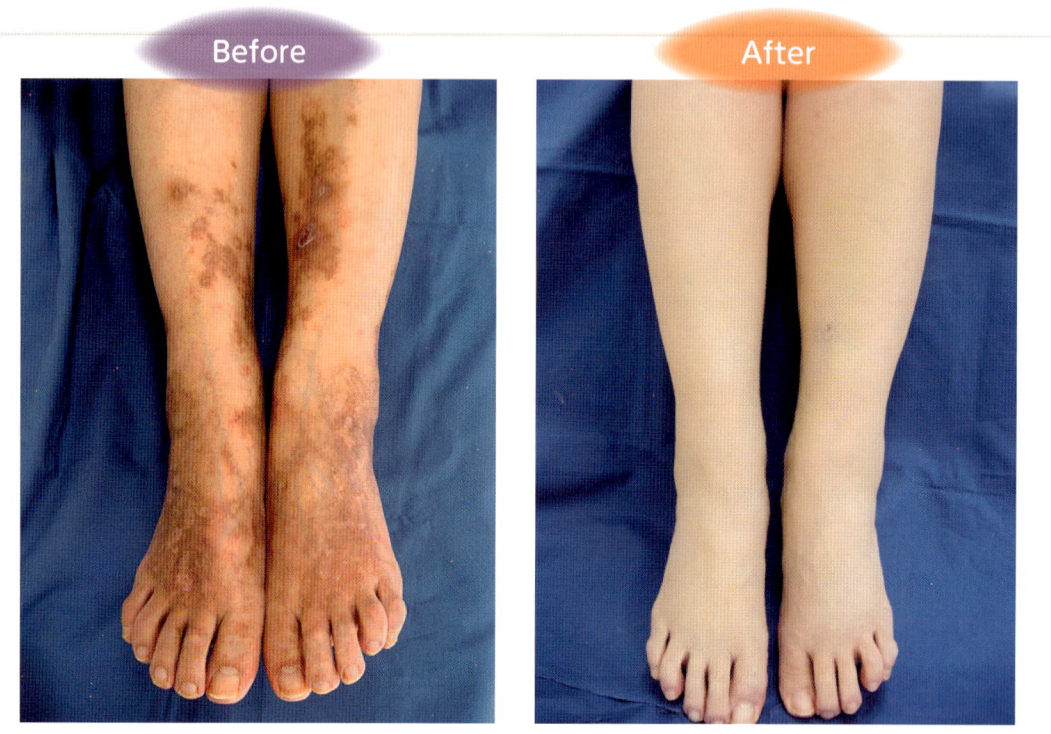

43歳，女性。38歳の時に，両下腿にリベド血管炎を発症。潰瘍後の白色瘢痕や，赤褐色の紫斑が目立つ。

リベド血管炎のメイク基本方針

潰瘍が生じている状態では施術できない。メイクを行うことができる皮膚状態であることを医師に確認する。患部は広範囲に及ぶことが多いため，施術が患者の負担にならないよう短時間で被覆できる化粧品を選ぶ。

事例19のメイクアップ方針

浮腫が見られたため，下腿から心臓の方向にマッサージをしながらスキンケアを行い，血流を促す。広範囲に塗布でき，被覆力の高い化粧下地を選択すると，短時間で行うことができ，患者の精神的な負担が軽減する。下地のみでもある程度の被覆が期待されるが，赤褐色の紫斑部分は下地のみでは完全なカバーが難しい。患者が被覆を必要としている場合は，さらにファンデーションの塗布を行う必要がある。

手　順

❶ スキンケア	コットンに化粧水とスクワランオイルを含ませ肌を整える。
❷ 黄色の化粧下地	緑みの黄色の乳液タイプの下地を全体に塗布する。
❸ フェイスパウダー	フェイスパウダーを塗布し，払う。
❹ ファンデーション第1段階	緑みの黄色の練り状ファンデーションに，濃い茶色のファンデーションを混ぜ，色調整した後，患部に塗布する。
❺ フェイスパウダー	塗布し，払う。

結果および本人の変化　黒タイツを履いて来られたが，肌色のストッキングで帰られた。まだリベド血管炎を知らない方にも広く知ってもらおうと，自身がリハビリメイクの講師になる講座にも通い始めた。

ストッキング着用時

事例19　リベド血管炎

コラム

Moment de loisir ❹ 村上春樹風

青木　律

　最後は村上春樹の文章に触れたいと思う。村上春樹は現代の作家で，諸般の事情でここでは彼の文章を直接引用できない。著作権，個人情報，大人には色々と守らなければいけないことがある。パスタのゆで時間と同じように。

　村上春樹雑文集の中にこんな文章がある。自分の母親が死に際の入院をしているときに，自分が付き合っている女性が病院に見舞いに来た。そしていつもは化粧しないのに厚化粧をしてきた，というのだ。そして彼は書く。彼女の顔を見たとき笑い出しそうになったのと同時に泣き出しそうになった，と。

　化粧って何？僕は考える。快楽？イエス。枕草子ではそうだった。マナー？イエス。源氏物語ではそうだった。プライド？それもイエス。

　でも多分村上春樹はこう言いたいんだろうと僕は思う。

　化粧というのはテクニックではない。それはフィロソフィーなんだ，と。

第VII章

リハビリメイク®の導入例

1 スクーリングの効果

かづきれいこ

VASは変化する―スクーリングの必要性

　筆者はこれまでさまざまな患者に対しリハビリメイクを行い，外観の満足度に関する調査を行ってきた。ほとんどの症例において，自身の外観に対するVASは施術前と比較し，施術直後に劇的に上昇するが，3週間ほど経過すると（高い数値を維持するものの）施術直後よりは下がってしまう。メイクは副作用がなく，嫌であれば取ることができるという利点があるが，逆に言えば，メイクを取ると元の顔に戻ってしまうため，1回のメイク体験でどこまで外観を受容できたか，その後，自分の意思でどのような行動をしたのかによって，VASは変化すると考えられる。

スクーリングは高い満足度を維持する傾向がある

　施術後，メイクの効果に納得して自身でこの技術を習得したいと思う患者がいる。実際には技術習得のレッスンを受講できない人もいるが，受講した人は高い満足度を維持する傾向にある。

　それを示す経験として，更年期症状のある患者9名（すべて女性）を対象に1年間VASを用いて行った調査[1]について述べたい（図）。調査では，初日と10日後にリハビリメイクの講習を行い，調査終了まで講習に基づいてメイクを施術してもらった。その結果，VASの平均値は，33.6から施術直後に84.2まで上昇，2回目の講習直前には41.9まで低下したが，受講後には再び89.2まで上昇した。その後，平均値は少しずつ下がったが，1年後は62.3（講習前よりは高い数値）であった。

　結果は，次のように考える。1度のメイク講習では自身でメイクができるほどの技術習得はできなかったため，VASが下が

ったと考えられる。2回目の講習直後はVASの回復が見られたが，自分自身では最適なリハビリメイクを再現できなかったことから，それ以降は2回目受講後と同じ高い満足度を維持できなかったのであろう。この調査では講習が2回のみであったが，定期的に講習を行えば講習後の満足度はそのつど回復し，高い満足度が維持されると考えられる。このように，1度の体験で受容が難しい患者自身の外観を受容するためには，スクーリングが非常に重要である。

なお，初回の施術後のVASは，気分が高揚している時に取得する。精神的に不安定な患者はメイク後，高いVAS値であっても，その後著しく下がることが多いため精神的フォローの方法としてスクーリングを提案することもある。

一方，これらに対し，施術後の満足度が高いが，それ以上の行動を起こさない患者がいる。これらの患者はメイク施術前から，すでに自身の外観を受容しているケースが多い。リハビリメイクを受講した理由が，患部がない外観を見たかった，家族に見せたかったなど体験を目的としていた場合もあり，こういった場合はスクーリングにつながりにくい。

スクーリング以外のリハビリメイク導入の方法：商材の販売

筆者は多くの医療機関においてリハビリメイクを施術しているが，そこでは，商材（化粧品）を販売している。商材の役割として，医療機関でのリハビリメイクにおいては，受講者が最適なメイクを受けるための"道具"，その後の講習においては，最適な技術を習得するための"教材"と考えている[2]。これは，メイクは単なる美容的な外観の改善ではなく，医療現場において使用される心理的フォローの方法と筆者が考えているためである。

そのような考えから，来院した患者の目に触れるよう，リハビリメイクの施術を行っていない形成外科・美容外科・皮膚科・眼科など，一部の医療機関でも取り扱って頂いている。なかでもかづき・デザインテープ®はその特異性から注目され，皮膚や眼瞼の下垂の改善，瘢痕の被覆材などに用いられている。

例えば野町ら[3]は，老人性色素斑に対するレーザー照射後の創傷被覆材として使用したと報告している。老人性色素斑の治療にQスイッチルビーレーザーが使用されるが，照射後は10日程度，軟膏を塗布し被覆材を貼付する必要がある。被覆材は肌色のサージカルテープが使用されることが多いが，審美的に優れないため，レーザー治療をためらったり自己判断で軟膏や被覆

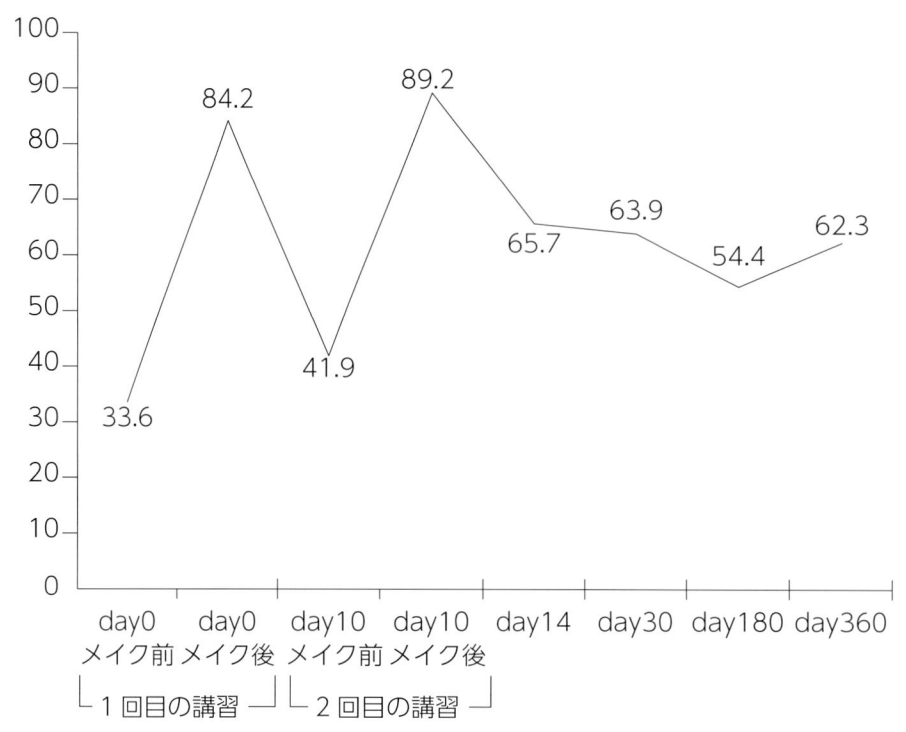

図　VAS 平均値の推移（N＝9，すべて更年期症状を自覚する女性）

材の使用を中断する患者もいる。そこで，目立たず，上からメイクが塗布できるかづき・デザインテープ®を被覆材として使用した。アンケート調査を行ったところ，期間中に自分で処置を中断する人はおらず，満足度は5段階評価で平均4.24と非常に良い結果であった。

このように，われわれ以外の医療従事者が使用することで，多種多様な用途が開拓されることを期待している。

【文　献】

1) かづきれいこ，百束比古：リハビリメイク®が更年期症状に及ぼす効果；WHO QOL26, VAS, クッパーマン更年期障害指数を用いた評価．女性心身医学雑誌 14：85-93，2009
2) かづきれいこ：リハビリメイク®とは．日本香粧品学会誌 29：335-339，2005
3) 野町健，清水雄介：老人性色素斑に対するQスイッチルビーレーザー照射後の創傷被覆材；用途としての超極薄粘着シートの応用．日形会誌 32：897-903，2012

2 リハビリメイク外来の導入
―個人クリニックの例

青木　律

リハビリメイク導入のきっかけ

【施設名】
グリーンウッドスキンクリニック立川

　当院は形成外科と皮膚科の専門医がそれぞれの専門分野を中心に，体表面のすべてのトラブルに対応するというコンセプトの個人診療所です。立地は東京郊外のターミナル駅で，地域の中核病院が複数存在し，また皮膚科・形成外科・美容外科のクリニックも多数存在しています。そのため近隣施設との競合が激しく，差別化を図る目的で導入しました。また専門外来として「きずあと外来」も行っている関係でリハビリメイク外来を導入しました。

現在行っているリハビリメイク外来

1　どのような患者が多いか

　リストカット瘢痕の患者さんが増えています。当院では手術やレーザー治療を行っておりますが，リストカット瘢痕は健康保険の適用がないため，すべて自費診療となってしまいます。そのため患者さんにとって費用対効果が問題となりますが，結果的にはレーザー治療を反復するより，外科的手術＋リハビリメイクの組み合わせが一番効果が大きく，患者さんにとってのコストパフォーマンスが高いようです。

　また当院では単純性血管腫，太田母斑などに対してレーザー治療を行っていますが，成人例の場合，小児期，学童期の症例と異なり，すでに社会生活を送っておられるのでレーザー治療後のダウンタイムが大きな問題となります。

　かづき・デザインテープ®を始めとする

リハビリメイクを併用することによって社会生活に支障を来たすことなく治療を行うことができるようになりました。皮膚癌も当院では悪性黒色腫以外，Stage II まで対応しておりますが，リハビリメイクという方法があるということを癌の手術前に患者さんにお知らせしておくと，悪性腫瘍の治療という未知の分野に対する恐怖が和らぎ，安心して治療をお受けいただくことができます。

また他院での美容手術のやり直しを希望される患者さんであっても，前医での手術が必ずしも技術的問題がない場合が多々あります。このような患者さんは実際どのようなことを求めておられるのかご自身でも把握されていない場合があり，そのような状態で手術を実施するとポリサージャリーに陥ることがしばしばです。リハビリメイクはこのような方に適していると考えています。

2 運用・頻度

月1回，完全予約制。自院に通院中の患者さんの中でリハビリメイクの必要性があると判断された方にリハビリメイク外来を紹介しています。自費診療で初診料7,000円＋消費税，再診料5,000円＋消費税です。リハビリメイク終了後，もし患者さんがリハビリメイクに必要な物品を購入したいという場合には，患者さんがREIKO KAZKIから直接購入していただくこととし，クリニックは物販には関与しておりません。ただし，基本的なファンデーション，かづき・デザインテープ®などレーザーのような日常診療に補助的に使用するものに関しては院内に在庫を置き，包帯やばんそうこうなどと同様に扱っています。

導入に際して苦労したこと

1 物販について

医療機関の敷地の中で，医師，看護師，技師以外のスタッフが患者さんに対して何らかの施術をするということに対して，解決しなければならない問題がありました。1つは上述しましたが物販の問題です。

医療機関は収益を上げることを目的としておりませんので，物販に関して制限があります。大きな病院では院内の売店（医療法人とは別経営体）がありますが，当院のような診療所では医療法人とは別にMS法人を設立することは困難です。ですから基本的にはリハビリメイク外来では，リハビリメイクの方法，技術を伝授することを目的とし，化粧品の販売に関しては，患者さんの希望があった場合に，REIKO KAZKIと直接やり取りしていただくようなシステムを構築しました。

図　当院で行っているリハビリメイク外来の光景
当院では院内の会議室を利用している。

2　医療行為の一環として行うこと

　リハビリメイクは医療行為の一環ですので，患者さんがおしゃれメイクを希望されても院内で行われているリハビリメイク外来でメイク方法を指導して治療費を頂くことはできません。さらに皮膚腫瘍手術など健康保険診療で行った治療行為と，自費診療であるリハビリメイクが混合診療にあたらないように，リハビリメイクは一連の保険治療が終わった後に行い，同一日に健康保険の診察と自由診療が行われないようにしなくてはなりません。すべて担当医が診察のうえでその必要性を認めたものについてのみ，「リハビリメイク連絡票」という書面を記載して医学的な問題点，注意点などをメイクのスタッフの方にお伝えしています。すなわち，いわゆる運動器リハビリテーションなどと同様に行っております。

3 リハビリメイク外来の導入
—大学病院の例

柳田邦昭

リハビリメイク導入のきっかけ

【施設名】
日本医科大学付属病院形成外科・再建外科・美容外科

　当科におきましては，形成外科全般，外傷後・腫瘍切除後の再建外科，美容外科などの症例を取り扱っています。大学病院という機能の特性上，幅広いバリエーションの患者さんが来院されます。治療においては機能面，整容面を患者さんの個々の病態に合わせ最大限回復させることを目指していますが，特に整容面に関しては，われわれ医療者が考える治療のゴールと，患者さん個人が考える理想にギャップがあるのも事実です。このギャップには外科学的医学の限界のほかに，患者さん自身の価値観や，生活環境など測ることのできない要素が多く含まれており，医師のみの力で是正するのは極めて困難と考えています。

　このようなことから，かづきれいこ氏と前教授である百束比古先生のご尽力により，当院におけるリハビリメイク外来がスタートしました。

現在行っているリハビリメイク外来

　当院は特定機能病院であり，他院から紹介になった治療困難な患者が多く受診します。当院では外科的治療を行わず，リハビリメイク外来のみを受診していただくこともあります。その中で特に多いリハビリメイク外来の受診の対象となっている疾患をご紹介します。

1 どのような患者が多いか

❶熱傷後瘢痕，肥厚性瘢痕・ケロイド

　当院は高度救命救急センターを備えており，重症の広範囲熱傷の患者さんが年間を通して搬送されます。多くは急性期に植皮術が施行され，その後，慢性期には瘢痕拘

縮解除のための皮弁術，瘢痕拘縮形成術が施行されます。植皮術，皮弁術，瘢痕拘縮形成術は機能面の改善が得られても，その見た目，質感に違和感を残しやすく，患者さんによっては生活の質の大きな低下をもたらし，特に顔面，頸部，前腕などの露出部に受傷された患者さんは外出すらままならなくなることもしばしばです。

リハビリメイク外来では，瘢痕の外観，質感の違いを目立ちにくくする方法として最適であると考えています。肥厚性瘢痕やケロイドは，隆起と発赤が問題となりますが，副腎皮質ホルモン剤を用いて隆起を改善させたうえで，リハビリメイクを行うことで，外観が著明に改善します。

❷外傷後瘢痕，手術後瘢痕，リストカット瘢痕

リストカットを含めた外傷は形成外科救急の中では最も多い疾患です。しかしながら急性期の処置が適切であっても，瘢痕が目立たなくなるまで数年かかることもまれではなく，成熟した瘢痕でもその見た目に悩む患者さんが多数います。当科外来では「きずあと」，特に外傷後の瘢痕に対する外科的治療やレーザー治療などを行っています。患者さんによっては，外来通院による経済的・時間的負担，また再び自分の体にメスを入れることに不安を抱えている方がいます。そういった患者さんにリハビリメイク外来の受診をお勧めしており，多くの感謝の声を頂いております。

また他院での美容外科手術の修正を希望される患者さんであっても，前医での手術が必ずしも技術的に問題ない場合があります。このような患者さんは何を求めているのか自身でも把握できていない場合があり，そのような状態で手術を実施すると不必要な手術を繰り返すポリサージャリーに陥ることがしばしばです。リハビリメイクはこのような方にも適していると考えています。

また，現状においては美容外科手術後など自由診療に基づく「きずあと」，自傷行為などによる「きずあと」は，健康保険が適用とならないため，そういった患者さんの長期的な治療において大きな一役を担っています。

❸良性腫瘍，先天異常などの外観上の問題を抱える疾患

良性腫瘍（悪性化に至らない母斑症，血管腫など）が出生時より存在し，就学，思春期，就職，結婚，出産，育児などを契機に改善を求める方が多くいます。しかしながら学校，仕事などによる時間的制約により手術や外来通院が困難な患者さんもいます。大きなものになると，切除後の再建などに瘢痕や質感の違いが生じるリスクを牽遠する方もおり，そのような方にリハビリメイクの利便性，簡便性は有用です。

その他，口唇口蓋裂などの先天異常の手術後における成長後の施術，腫瘍切除後・再建後の施術も多く行っています。

2　運用・頻度

　月に1度，当院にて第1木曜日に，形成外科・再建外科・美容外科外来からの紹介後，予約制にて外来を行っています。その後はご自分でリハビリメイクを施行していただき，再診が必要な患者さんに関しては四谷のサロンに行って頂いています。

　当院リハビリメイク外来においてはVAS（visual analog scale）を用い患者さんの主観的な評価にて治療効果を評価しています。瘢痕治療の多くの治療法の1つの選択肢としてリハビリメイクが位置づけられることにより，患者さんのQOLに貢献できると考えています。

導入に際して苦労したこと

　大学病院でリハビリメイクを導入するのは，前例がなかったため試行錯誤の連続でした。初めは診療を行っていない時間帯に形成外科外来を利用してメイクアップを行っていただいていました。患者さんから費用はいただかず，リハビリメイクのスタッフにもボランティアで来ていただいていました。かづきれいこ氏が形成外科学教室の非常勤講師に就任され，病院の正式なスタッフとして採用されてからようやく，わずかではありますがかづき氏への手当てを病院が出してくれるようになり，同時に患者さんから自費で治療費をいただくことができるようになりました。

　また，使用していた形成外科外来は，診療時間外であってもしばしば急患の処置が入るため，リハビリメイク専用のスペースを確保しなければなりませんでした。最初は会議室や教室を使用しましたが，患者さんは病院で受付をしてから会議室のある大学へ移動し，さらに会計のために再び病院に戻らなくてはならなかったのです。これに関しても病院が新しくPETセンターを建設した際にその診察室を使わせていただくことで解決しました。

　化粧品については，基本的な商品については病院の売店（学校法人とは別法人が運営している）で購入できるようにし，それ以外の商品はリハビリメイクのスタッフと患者さんとの間で個人的にやり取りをしていただくようにしました。

　リハビリメイク外来の際は医師が同伴し，医学上の疑問点（術後の傷痕にメイクができるかどうかなど）に医師が答えられるようにしています。またその場でメイクの立場から治療方針などが提示されることもあります。

　自費診療と保険診療の区別をはっきりつけること，リハビリメイクの処置に対して医師が責任を持てるようなシステムを構築することが重要です。医師法だけでなく，医療法，健康保険法など関連法規を順守しながらのシステム作り，また関係各位との折衝に苦労しました。

巻末資料

化粧品の素材と作用
リハビリメイク施術場所

化粧品の素材と作用

化粧品とは

　化粧品は，医薬品・医薬部外品・化粧品および医療用具の基準・検定・取り扱いなどを規定した薬機法（旧薬事法）に基づいて作られる。薬機法において，化粧品とは，「人の身体を清潔にし，美化し，魅力を増し，容貌を変え，または皮膚若しくは毛髪を健やかに保つために，身体に塗擦，散布，その他これらに類似する方法で使用されることが目的とされる物で，人体に対する作用が緩和なもの」（薬機法第2条第3項）と定義される。この点，効果・効能をうたうことが可能な医薬品・医薬部外品と区別される。

　化粧品のうち，洗顔料，化粧水，美容液，乳液，クリームは基礎化粧品と呼ばれ，肌を清潔に整え，水分や油分を補い，健康で美しい肌を保つことを目的とする。これに対し，ファンデーション，口紅，アイシャドーといったものはメイクアップ化粧品と呼ばれ，皮膚を外部刺激から守るとともに容貌を変える効果を主目的とする。

基礎化粧品

1　洗浄化粧品（洗顔料・メイク落とし）

目的：皮膚の汚れには，古くなった角質，変質した汗・皮脂膜などの生理的な汚れ，空気中の塵埃・細菌類，長時間経過したメイクアップ料など外部から付着した汚れなどがある。この汚れを皮膚角質層に傷をつけずにきれいに落とすことが洗浄化粧品の目的である。

- **洗顔石鹸**

  皮脂などの脂性の汚れを水で落とすためには，水と脂がよく混ざり合わさる必要がある。このような作用を有するものを界面活性剤という。石鹸も界面活性剤の1つである。皮脂も同時に落としてしまうので，使用後多少のつっぱり感がある。脂性肌，脂性に傾く夏に適する。

- **洗顔クリーム（クレンジングフォーム）**

  石鹸や界面活性剤などの洗浄成分に保湿成分を含有している。そのため一般的に石鹸より洗浄力が強く，かつ使用後のつっぱり感が少ない。単に皮膚の洗浄の目的だけでなく，メイクアップ落としとして使用されることが多い。合成界面活性剤が含有されている場合には過度に皮膚の油分を取り去ってしまうこともある。

  クリーム状，ペースト状，乳液状，ローション，エアゾール（ムースタイプ）などがある。

●洗顔パウダー	皮膚表面での摩擦作用と粉末粒子表面への吸着作用により垢などを除去するタイプのもの（米糖，小麦粉，粉乳，ベントナイト，カオリンなど）と，皮膚に対して温和で，安全に反応して汚れを取りやすくする酵素タイプのもの〔蛋白分解酵素（プロテアーゼ），脂肪分解酵素（リパーゼ），塩化リゾチーム，パンクレアチンなど〕がある。
●クレンジングクリーム	基材成分へ汚れを取り込む溶解作用を応用したもの。メイクした皮膚にクレンジングクリームをたっぷり塗り，軽くマッサージすると，はじめ水溶性の水相に溶けながら，水分を蒸発して減少する。次にクリームは反転油中水型になりメイクアップ料の油溶性の汚れが油相に溶解分散してクリームに包み込まれる。最後は，拭き取るタイプと水洗いするタイプがある。皮膚への刺激が少なく，皮脂のとり過ぎもない。
●クレンジングローション（ミルク）	クレンジングクリームに比べて油分が少ない。脂性肌の人に向く。
●クレンジングジェル	●水溶性高分子ゲル化タイプ…クレンジング用の油分を少なくし，逆に油分を溶かす保湿剤系成分を多く配合したうえ，クレンジング効果を高めるための水溶性高分子でジェル状にしたもの。 ●乳化または液晶タイプの油性ジェル…油分を大量に配合してあるのでメイクアップ料となじみがよく，使用途中で水中油型からさらに転相して軽くなり，水に流せる。耐水性，耐油性のハードなメイクアップ料を落とすのに向いている。
●クレンジングオイル	油性成分に少量の界面活性剤，エタノールなどを配合した，洗い流し専用のもの。洗い流す時，水中油型に乳化する。

2 化粧水

目的：洗浄後の皮膚にうるおいを与える化粧品。水分補給，収れん，拭き取りなどの目的によってタイプが異なる。
特徴：保湿成分を含む水溶液。以下に代表的なものを挙げて説明する。

●柔軟化粧水 （モイスチャーローション）	角質層に水分を与えるのが目的である。特に洗顔後の肌は皮脂が減少し天然保湿因子（natural moisturing factor：NMF）が流れ落ち，角質中の水分はすぐに蒸発しやすい状態になっている。このため，洗顔後すみやかに使用する。
●収れん化粧水 （アストリンゼントローション）	角質層に水分・保湿成分を補うのが目的であるが，同時に収れん作用や皮脂分泌を抑制する作用をもつのが特徴である。収れん剤は皮膚の蛋白質に作用し，軽く凝固させることにより肌を引き締めたり整えたりする。脂性の高い部分の使用がよい。
●拭き取り化粧水 （スキンフレッシュナー）	クレンジングクリーム，マッサージクリームなどを拭き取ったあとに残る油分を取るために使用する。洗浄力を高めるためエタノール分や界面活性剤の配合が多い。さっぱりした使用感がある。

3 美容液

目的：保湿，エモリエント（emollient：肌をやわらかくする），化粧下地（ファンデーションののりを良くする）。
特徴：化粧水にも乳液にも分類されない粘度のある液体。
有効成分が濃縮して配合されていることが多い。

4 乳液

目的：角質層に水分や保湿成分を補給する。
特徴：水相成分を油相成分が乳化されているエマルジョン（乳化物）である。油分も含むので，手軽なスキンケアとして用いられる。市販されているものの大部分は水中油型のエマルジョンである。最近ではさらっとしていながらクリームと同様の保湿・エモリエント効果をもつものも出ている。

5 クリーム

目的：皮膚に水分と油分，保湿分を補い，また角質層の上に油膜を作ることで皮膚を保護する。保護作用，柔軟湿潤作用などを有する。
特徴：水相成分と油相成分が乳化されているエマルジョンで，乳液よりも粘度が高い。

6　オイル

目的：皮膚に油分を補い，角質層の水分を保持する。また角質の硬化を防ぎ，肌を柔軟に導く。
特徴：肌の保湿だけでなく，ヘアケアやマッサージの際の摩擦を予防するための潤滑剤としても使用できる。

メイクアップ化粧品

ファンデーション

目的：肌色を整えて美しく見せるほか，紫外線などさまざまな外的刺激から肌を守る。

●液状タイプ	●リキッドファンデーション 　水分を多く含み，粘度が低く薄くむらなくのび透明感がある。被覆力はカバータイプ，クリームタイプに次いで高い。 ●水性ファンデーション（水おしろい） 　乳化しておらず，さっぱりとした感触の化粧水タイプのファンデーション。二層になっているため，よく振ってから使用する。
●クリームタイプ	しっとりとして，被覆力があり自然な艶となめらかさを与えるクリーム状のファンデーション。
●固形タイプ	ファンデーションの粉黛を固形状に固めたタイプ。 ●水ありタイプ 　専用スポンジに水を含ませて使う。耐汗性にすぐれている。 ●水なしタイプ 　油性成分が少なめの形状で，薄くつけることができる。 ●ツーウェイタイプ 　前2者の両方の機能を合わせもつ。水を含んだスポンジでも水を含まないパフでも使える。
●油性タイプ	スティック状やケーキで，溶融した油成分中に色素粉体を分散させたもの。油成分が皮膚の乾燥を防ぐ。被覆力が高い。

リハビリメイク施術場所

下記は2016年4月1日現在のものです。変更される場合がありますので，ご注意ください。

病院・クリニック

病院名・電話番号	住所〔最寄り駅〕	予約受付時間・開催日程(基本)・その他
東京女子医科大学附属 女性生涯健康センター ☎03-5363-0723	〒162-0056 東京都新宿区若松町9-9 パークホームズ新宿若松町1F〔若松河田駅〕	予 平日9:00～16:00　※第3土・日・祝日，および12月5日（東京女子医科大学創立記念日）を除く。　開 毎月第2火曜日
日本医科大学付属病院 形成外科・美容外科 ☎03-3822-2131	〒113-8603 東京都文京区千駄木1-1-5 〔東大前駅〕	予 平日14:00～16:00 ※事前受診必須 開 毎月第1木曜日
グリーンウッド スキンクリニック立川 ☎042-523-2300	〒190-0023 東京都立川市柴崎町3-11-20 〔立川駅〕	予 平日9:30～12:30，14:00～18:30 開 毎月第3金曜日 ※休診日：木，土午後，日，祝日
日本歯科大学新潟 生命歯学部 ☎025-267-1500	〒951-8580 新潟県新潟市中央区浜浦町1-8 〔関屋駅〕	開 不定期 ※グループ式
新潟大学医歯学総合病院 ☎025-227-2974	〒951-8520 新潟県新潟市中央区旭町通一番町754番地〔新潟駅〕	開 毎月第3木曜日 ※事前受診必須
大阪市立大学医学部 附属病院形成外科 ☎06-6645-3381	〒545-8586 大阪府大阪市阿倍野区旭町1-5-7 〔天王寺駅〕	予 14:00～16:00 開 不定期

上記のほか「がん研有明病院」の入院病棟でメイクを行っています。

サロン

サロン名・電話番号	住所〔最寄り駅〕	予約受付時間・開催日程(基本)・その他
東京サロン ☎03-3350-6632	〒160-0017 東京都新宿区左門町3-1 左門イレブンビル4F〔四谷三丁目駅〕	予 平日・土10:00～18:00，日10:00～17:00 開 毎月第3水曜日，不定期
大阪サロン ☎06-6346-7400	〒530-0002 大阪府大阪市北区曽根崎新地1-4-10 銀泉桜橋ビル6F〔大阪駅・西梅田駅〕	予 平日・土10:00～19:00，日10:00～18:00 開 不定期

編集後記

　旧版を上梓してから13年が過ぎてしまいました。この間に医学の分野で大いなる進歩があったことと同じように，かづきれいこ氏のリハビリメイクも大きく変わりました。それに伴い本書も内容を大幅に刷新し，フルモデルチェンジに近い改訂版を出すことになりました。

　本書の刊行に当たり実に多くの方のお力を頂戴しました。まず，モデルとして写真撮影にご協力いただいた方に感謝申し上げます。更にお忙しい中執筆していただいた先生方，編集者の細かい要望に事細かに対応していただいたイラストや体裁，装丁などのご担当者様，各方面のスケジュール調整などに奔走していただいたREIKO KAZKIのスタッフの方々，その他にもこの本は本当にたくさんの方々に携わって頂いております。また，リハビリメイクの教科書を作ろうと発案され，企画・編集の多岐にわたって奔走され，怠惰な編集者（僕のことです）の尻を叩きこのように発刊にこぎつけた本書の生みの親である克誠堂出版の大澤様。今最終稿を目の前にしてお世話になった方々のお顔を思い浮かべております。本当にお世話になりました。この場をお借りして御礼申し上げます。

　どんなに素晴らしいアイデアや方法も，それが普及しなければ意味を成しません。リハビリメイクは既に複数の大学病院やクリニックなどで実施されておりますが，本来は日本全国の病院，クリニックにあってしかるべきものです。この本は医療の世界にメイクアップセラピーという新しい分野を切り拓いていく志のある方に届けます。「隠す」というネガティブな側面でとらえられがちなメイクアップセラピーを，「社会復帰への手段」というポジティブな一つの治療手段として認知し活用するための第一歩になればよいと考えます。

　今回も執筆陣には各分野でご活躍の著名な先生方にお願いしました。執筆していただいた先生方の共通の思いはただ「外観に悩みを持たれている方に元気になっていただきたい」ということです。

　思いを共にする執筆陣の熱い気持ちが読者の方に伝わると幸いです。

2016年3月　桜の便りを心待ちにしながら

青木　律

索 引

【A to Z】

Cure から Care へ　43
cutaneous body image scale（CBIS）　13
DIP 関節　74
IP 関節　74
PIP 関節　74
quality of life（QOL）　12
Skindex-16　13
solar elastosis　9
visual analogue scale（VAS）　13, 48, 168

【あ行】

アートメイク　148
アイシャドー　99
アイホール　84
アイメイク　99
アイライン　99
あざ　8
足首　74
アトピー性皮膚炎　10, 78, 154
異所性蒙古斑　77
いちご状血管腫（乳児血管腫）　79
医療スタッフ　64
刺青・入れ墨　79, 138
エイジング　90
会陰部　74
エストロゲン　76
太田母斑　108
オトガイ（頤）下部　75
オトガイ（頤）部　75
オトガイ（頤）唇溝　75
オトガイ筋　70
オトガイ動脈　71

【か行】

外眼角　75
外観重視　43
外頸静脈　72
外傷後瘢痕　173
海綿状血管腫　116
解離性自傷症　141
カウンセラー　59
カウンセリング　54, 59
下顎角　75
下眼瞼　75
顎下リンパ節　72
顎関節部　84
影　97
下肢　74
下唇下制筋　70
下唇動脈　71
下腿　74
かづき・デザインテープ®　91, 117, 119, 141, 143, 147, 151, 153
かづきの影　97
かづきれいこ　41
花粉症　22
カモフラージュメイク　41
眼科　41
眼窩下動脈　71
眼角動脈　71
眼窩部　75
眼瞼下垂　77, 144
眼瞼痙攣　77, 150
環指　74
患者心理　31
癌治療　17
肝斑　78
顔面　74

顔面横動脈　71
顔面静脈　71
顔面神経　71
顔面神経麻痺　144, 152
顔面動脈　71
眼輪筋　70
緩和ケア　19, 51
黄色の化粧下地　93
傷　29
キューピッド弓　75
頰筋　70
頰骨　84
頰骨部　75
胸鎖乳突筋　70
矯正歯科　33
胸部　74
頰部　75
グループアプローチ　60
形成外科　6, 41
頸部　74, 75
頸リンパ節　72
血管腫　108, 114
血流マッサージ　88
　──の応用　90
　──の効果　45
ケミカルピーリング　81
ケロイド　77, 118, 172
口蓋裂　35, 50, 77, 120
口角　75, 84, 100
口角下制筋　70
口角挙筋　70
抗癌剤　17, 160
口腔外科　41
広頸筋　70
膠原病　10, 49, 79, 156, 158
虹彩　75
口唇　75

口唇裂　　35, 50, 120	術後瘢痕　　144, 173	赤唇　　75
後頭部　　75	手背　　74	赤唇縁　　75
更年期　　16	上眼瞼　　75	セファログラム　　35
口部　　75	上眼瞼溝　　75	前額部　　75
項部　　75	小頬骨筋　　70	全身性エリテマトーデス　　10
口輪筋　　70	笑筋　　70	浅側頭動脈　　71
光老化　　9	小指　　74	穿通枝　　69
個人クリニックへの導入　　169	上肢　　74	先天異常　　173
骨膜　　69	上唇挙筋　　70	前頭筋　　70
骨膜内血管網　　69	上唇結節　　75	前頭動・静脈　　71
個別アプローチ　　62	上唇動脈　　71	前頭部　　75
コミュニケーション　　64	上唇鼻翼挙筋　　70	前腕　　74
混合性結合組織病　　156	静脈　　69, 76	双極性障害　　79
	正面顔　　85	総頸動脈　　72
【さ行】	睫毛　　75	足指　　74
サイコダーマトロジー　　11	上腕　　74	側頭静脈　　71
痤瘡　　10	植皮術　　80	側頭動脈　　71
錯覚　　103	白パール　　96	側頭部　　75
三叉神経　　71	しわ　　9	鼠径部　　74
Cゾーン　　84, 95	深在性エリテマトーデス　　158	
歯科　　41	尋常性乾癬　　78	**【た行】**
耳介後リンパ節　　72	尋常性痤瘡　　78	大学病院への導入　　172
耳介部　　75	尋常性白斑　　9	大頬骨筋　　70
歯科矯正治療　　33	身体醜形恐怖　　23	対象　　55
耳下腺リンパ節　　72	身体醜形障害　　50	大腿　　74
色相環　　106	真皮　　69, 76	ダウンタイム　　81
色素性母斑　　79	真皮下血管網　　69	脱毛　　17
色素脱出　　130	審美歯科　　37	打撲痕　　136
色素沈着　　130	真皮内血管網　　69	たるみライン　　90
示指　　74	真皮縫合　　80	単純性血管腫　　49, 79, 114
死周期　　51	シンメトリー　　98	チーク　　96
自傷行為の分類　　141	心理的背景　　56	中高年〜老年期　　29
耳垂　　75	心理的変化　　59	中指　　74
しっかりクレンジング　　87	皺眉筋　　70	直達皮動脈　　69
実績　　49	スキンケア　　86	手　　74
耳鼻咽喉科　　21	スクーリング　　166	テープ貼付位置　　46
しみ　　9, 95, 160	スクワランオイル　　86	テープの効果　　45
社会的背景　　43	ステロイド　　81	Tゾーン　　84
雀卵斑　　78	スポンジ　　88	手首　　74
集団精神療法　　62	精神医学　　27	電子線　　81
手術後瘢痕　　144, 173	精神科　　41	殿部　　74
手掌　　74	精神障害　　23	頭頸部外科　　41

頭頸部腫瘍術後　21
瞳孔　75
統合失調症　80
頭頂部　75
導入のきっかけ　169, 172
頭部　74
動脈　69, 76

【な行】

内科　41
内眼角　75
入院中のメイク　19
乳頭下血管網　69
人中　75, 122
熱傷　77
熱傷後色素異常　130
熱傷後瘢痕　124, 172

【は行】

背部　74
白唇　75
パジェット病　78
肌づくり①　92
肌づくり②　94
肌づくり③　96
パニック障害　80
瘢痕　77
ヒアリング　47
ヒアルロン酸製剤　81
非解離性自傷症　141
皮下組織　69
鼻筋　70
鼻孔　75
肥厚性瘢痕　172
鼻孔底　75
鼻根　75
膝　74
肘　74
鼻唇溝　75
鼻尖　75
鼻柱　75
鼻背　75

鼻背動脈　71
皮膚　76
鼻部　75
皮膚科　8, 41
皮膚癌　78
皮膚筋炎　49
皮膚疾患　9, 12
皮膚心身症　11
皮弁術　80
眉毛　75
眉毛・睫毛脱毛　160
眉毛下垂　144
美容医療後　50, 142
評価方法　48
美容外科　31, 41
表情筋　69
表皮　69, 76
鼻翼　75
鼻梁　75
ファンデーション第1段階　92
ファンデーション第2段階　94
ファンデーションの種類と特長　92
フェイスパウダー　94
フェイスライン　84
ふきとり洗顔　86
腹部　74
婦人科　16, 41
扁平母斑　79
ボーエン病　78
ほうれい線　84, 90
母指　74
補色　105
ホスピスケア　51
ボツリヌス菌毒素製剤　81
ボディイメージ　12
骨　69
ポンゾ錯視　105

【ま行】

マスカラ　99
眉頭　98

眉尻　98
眉の黄金バランス　98
眉メイク　98
眉山　98
満足度向上　142
右リンパ本幹　72
ムーンフェイス　157
蒸しタオル　87
メイクアップセラピー　6, 10, 21, 23, 27, 31, 33
目尻の小じわ　90
目の錯覚　97
目の下のたるみ　90
メラニン　76
免疫　156
毛細血管ループ　69

【や行】

腰部　74
横顔　85
夜のスキンケア　87

【ら行】

ラジオ波　81
リストカット　140
リストカット瘢痕　173
リップ　100
リハビリテーションメイクアップ　2
リハビリメイク　13, 38
　――外来　169, 172
　――基本の流れ　85
　――とは　40
　――の意義とねらい　55
　――の機能　61
　――の適応　41, 42
　――の特徴　46
　――の7つのポイント　84
　――の方法　57
　――の役目　3
リベド血管炎　162
良性腫瘍　173

リンパ管　72
涙腺動脈　71
涙点　75
レーザー　138
レーザー治療　80
レベンクロン　141

編者紹介

【監　修】

百束 比古 （ひゃくそく・ひこ）
日本医科大学名誉教授

　1975年日本医科大学卒業。1995年から2015年まで日本医科大学形成外科主任教授。2014年には，日本美容外科学会（JSAPS）理事長を務めた。業績は，英語論文220以上，日本語論文350以上，著書（編集含む）20以上。専門は，熱傷再建外科，癌再建外科，先天異常とくに口唇裂，ケロイド。傷跡形成，美容外科手術後遺症とくに豊胸術術後障害と顔面異物

- ●著書　『アトラス　きずのきれいな治し方（第2版）』全日本病院出版会（2012年）
　　　　『アトラス　形成外科手術手技』中外医学社（2011年）
　　　　『Color Atlas of Burn Reconstructive Surgery』Springer（2010年）
　　　　『使える皮弁術―適応から挙上法まで　上・下巻』全日本病院出版会（2010年）
　　　　『形成外科診療プラクティス　皮弁外科・マイクロサージャリーの実際
　　　　　挙上～血管吻合の基本から美容的観点を含めて』文光堂（2010年）
　　　　『形成外科アドバンスシリーズ　熱傷の治療最近の進歩』克誠堂出版（2003年）
　　　　『医療スタッフのためのリハビリメイク』編著　克誠堂出版（2003年）　　　ほか多数

【編　著】

青木　律 （あおき・りつ）
グリーンウッドスキンクリニック立川　院長

　1988年日本医科大学卒業。「広範囲熱傷救命患者の社会予後」の論文にて医学博士号を取得，以後，外観に醜状を有する患者の社会復帰に取り組み，後遺症認定における男女差問題などについて学会で提言を行う。2000年かづきれいこ氏と出会い，日本医科大学付属病院にリハビリメイク外来を開設するために尽力した。2007年日本医科大学助教授。2008年グリーンウッドスキンクリニック立川開設，同院長。現在に至る。専門は，腫瘍再建（皮膚，乳房）美容外科（特に非侵襲的治療　レーザー，ラジオ波，冷却融解など臨床美学

- ●著書　『アトラス　傷のきれいな治し方（第2版）』日本病院出版会（2012年）
　　　　『アトラス　形成外科手術手技』中外医学社（2011年）
　　　　『Color Atlas of Burn Reconstructive Surgery』Springer（2010年）

『美容皮膚科学（改訂2版）』南山堂（2009年）
『形成外科アドバンスシリーズ　レーザー最近の進歩』克誠堂出版（2004年）
『医療スタッフのためのリハビリメイク』編著　克誠堂出版（2003年）
『最新美容医療ガイド』現代書林（2001年）　　　　　　　　　　　　　　ほか多数

かづき れいこ

フェイシャルセラピスト® ／歯学博士／ REIKO KAZKI 主宰
公益社団法人 顔と心と体研究会 理事長

　日本医科大学形成外科学教室，東京女子医科大学ほか5大学にて非常勤講師を務める。生まれつき心臓に穴が開いていたため，冬になると顔が真っ赤になる悩みを持っていたが30歳時，手術して完治した。それを機にメイクを学び，活動を開始，メイクを通じて女性の心理を追究する。

　また，医療機関と連携し，瘢痕などのカバーや，それにともなう心のケアを行う"リハビリメイク®"の第一人者。多くの人が抱える「顔」の問題に，精神面からも取り組むフェイシャルセラピストとして活動する。外観に関する悩みを研究し，研究調査・学会発表を行い，メイクアップの価値向上に尽力している。

　2000年に発足した「顔と心と体」研究会は，NPO法人，一般社団法人を経て2014年内閣府より公益認定を受け「公益社団法人顔と心と体研究会」となる。現在も理事長を務める。

●著書　『デンタル・メディカルスタッフのためのリハビリメイク® 入門』医歯薬出版（2004年）
　　　　『医療スタッフのためのリハビリメイク』編著　克誠堂出版（2003年）
　　　　『リハビリメイク®―生きるための技』岩波アクティブ新書（2002年）
　　　　『永遠に若く！運命を変える！かづきメイク術』主婦の友社（2015年）
　　　　『かづきれいこの自分を愛するためのメイクメソッド』PHP文庫（2015年）　　ほか多数

●公益社団法人 顔と心と体研究会
　　　ホームページ：http://www.kaokokorokarada.org/
　　　〒160-0017　東京都新宿区左門町3-1　左門イレブンビル4F
　　　TEL：03-3350-1035　FAX：03-3350-0176
　　　E-mail：info@kaokokorokarada.org

リハビリメイク
－見えてくる、メイクアップセラピーという選択肢－　　　　　　　　　　　〈検印省略〉

2016年6月1日　第1版第1刷発行
定　価（本体4,500円＋税）

監　　修　百束比古
編　　著　青木　律・かづきれいこ
発　行　者　今井　良
発　行　所　克誠堂出版株式会社
　　　　　〒113-0033　東京都文京区本郷3-23-5-202
　　　　　電話　03-3811-0995　　振替　00180-0-196804
　　　　　URL　http://www.kokuseido.co.jp

　　　　　印刷・製本：株式会社シナノパブリッシングプレス
　　　　　イラスト：勝山英幸
　　　　　デザイン・レイアウト・構成：佐野裕子・PAZZOT
　　　　　　　　　㈲羊カンパニー　中村裕美

ISBN 978-4-7719-0464-4 C3047　￥4,500E
Printed in japan ©Hiko Hyakusoku, 2016

- 本書の複製権・翻訳権・上映権・譲渡権・公衆送信権（送信可能化権を含む）は克誠堂出版株式会社が保有します。
- 本書を無断で複製する行為（複写，スキャン，デジタルデータ化など）は，「私的使用のための複製」など著作権法上の限られた例外を除き禁じられています。大学，病院，診療所，企業などにおいて，業務上使用する目的（診療，研究活動を含む）で上記の行為を行うことは，その使用範囲が内部的であっても，私的使用には該当せず，違法です。また私的使用に該当する場合であっても，代行業者等の第三者に依頼して上記の行為を行うことは違法となります。
- JCOPY　〈㈳出版者著作権管理機構　委託出版物〉
  本書の無断複写は著作権法上での例外を除き禁じられています。複写される場合は，そのつど事前に㈳出版者著作権管理機構（電話 03-3513-6969，Fax 03-3513-6979，e-mail：info@jcopy.or.jp）の許諾を得てください。